DEVENEZ LE MEILLEUR AMI DE VOTRE CHIEN

Infographie : Luisa da Silva

Catalogage avant publication de Bibliothèque et Archives nationales du Québec et Bibliothèque et Archives Canada

Bouchard, Jacinthe

Devenez le meilleur ami de votre chien : tout connaître sur le comportement canin

(Des animaux et des hommes)

Comprend des réf. bibliogr

1. Chiens - Mœurs et comportement. 2. Relations homme-animal.

I. Titre. II. Collection.

SF433.B68 2008 636.7'0887 C2008-941465-9

01-15

Dépôt légal : 2008
Bibliothèque et Archives nationales du Québec

ISBN 978-2-924036-67-9

DISTRIBUTEURS EXCLUSIFS :

Pour le Canada et les États-Unis :
MESSAGERIES ADP inc.*
2315, rue de la Province
Longueuil, Québec J4G 1G4
Tél. : 450 640-1237
Télécopieur : 450 674-6237
Internet : www.messageries-adp.com
* filiale du Groupe Sogides inc.,
filiale de Québecor Média inc.

Pour la France et les autres pays :
INTERFORUM editis
Immeuble Paryseine, 3, Allée de la Seine
94854 Ivry CEDEX
Tél. : 33 (0) 1 49 59 11 56/91
Télécopieur : 33 (0) 1 49 59 11 33
Service commandes France Métropolitaine
Tél. : 33 (0) 2 38 32 71 00
Télécopieur : 33 (0) 2 38 32 71 28
Internet : www.interforum.fr
Service commandes Export – DOM-TOM
Télécopieur : 33 (0) 2 38 32 78 86
Internet : www.interforum.fr
Courriel : cdes-export@interforum.fr

Pour la Suisse :
INTERFORUM editis SUISSE
Route André Piller 33A, 1762 Givisiez – Suisse
Tél. : 41 (0) 26 460 80 60
Télécopieur : 41 (0) 26 460 80 68
Internet : www.interforumsuisse.ch
Courriel : office@interforumsuisse.ch
Distributeur : OLF S.A.
ZI. 3, Corminboeuf
Route André Piller 33A, 1762 Givisiez – Suisse
Commandes : Tél. : 41 (0) 26 467 53 33
Télécopieur : 41 (0) 26 467 54 66
Internet : www.olf.ch
Courriel : information@olf.ch

Pour la Belgique et le Luxembourg :
INTERFORUM BENELUX S.A.
Fond Jean-Pâques, 6
B-1348 Louvain-La-Neuve
Téléphone : 32 (0) 10 42 03 20
Télécopieur : 32 (0) 10 41 20 24
Internet : www.interforum.be
Courriel : info@interforum.be

Gouvernement du Québec – Programme de crédit d'impôt pour l'édition de livres – Gestion SODEC – www.sodec.gouv.qc.ca

L'Éditeur bénéficie du soutien de la Société de développement des entreprises culturelles du Québec pour son programme d'édition.

Conseil des Arts du Canada Canada Council for the Arts

Nous reconnaissons l'aide financière du gouvernement du Canada par l'entremise du Fonds du livre du Canada pour nos activités d'édition.

Jacinthe Bouchard

DEVENEZ LE MEILLEUR AMI DE VOTRE CHIEN

Tout connaître sur le comportement canin

la griffe
Une société de Québecor Média

AVANT-PROPOS

Le chien est un animal extraordinaire. Certains le découvrent lorsqu'ils sont encore dans la magie de l'enfance, d'autres l'adoptent à l'âge adulte, quand ils en ont enfin les moyens. Et il y a ceux qui, à un âge plus avancé, le choisissent comme compagnon de vie, partageant avec lui un quotidien interactif.

Même si les raisons de posséder un chien sont propres à chacun, c'est souvent le cœur qui réagit lorsque vient le moment de se le procurer. En riant, je demande souvent aux gens pourquoi ils ont choisi tel animal. La réponse vous étonnera-t-elle ? La première expérience d'attachement à un chien ressemble souvent à un coup de foudre. Parce que le chien s'adapte d'instinct à la personne qui s'intéresse à lui, puis à l'environnement où il est accueilli, il réussit à procurer à son propri-ami[1] et aux autres personnes de son entourage un plaisir sympathique, une complicité interactive, une sensualité à travers le jeu, une reconnaissance affectueuse qui s'apparente à des sentiments humains. « Quand je l'ai vu, j'ai senti que quelque chose se passait en moi et j'ai succombé à son charme », m'a dit spontanément une dame croisée dans la rue, alors qu'elle se promenait avec son petit chien. Elle en était aussi fière que si elle m'avait montré son enfant.

Cet effet « coup de foudre », fréquent, est un premier lien très important qui se crée à l'instant du contact initial. Avec le temps, j'ai tenté de comprendre le mécanisme de sympathie réciproque qui fait que votre chien est unique dans sa relation avec vous. Pour ce faire, j'ai documenté mes observations en plus de vingt ans de travail attentif, avec humilité, patience et passion – les trois ingrédients qui permettent de faire émerger une dimension nouvelle à la recherche.

Lorsque j'ai entrepris la rédaction de ce guide, j'ai voulu mettre l'accent sur cette approche qui rend les expériences de cohabitation plus constructives, qui facilite la communication et optimalise les efforts d'entraînement. Comme la vie n'est pas un cirque, votre animal n'a pas à exhiber ses prouesses pour que vous soyez à même de l'apprécier. Les apprentissages recherchés sont donc d'un autre ordre, puisqu'il s'agit de concevoir l'adaptation, puis le développement avec un dosage égal d'attachement, de communication et de compréhension. Ces trois aspects semblent apporter une grande satisfaction, tant au propri-ami qu'au chien.

Mon approche de la complémentarité entre votre chien et vous est donc toute personnelle, voilà sans doute pourquoi elle se distingue des centaines d'autres publications parues. Que vous ayez 8 ou 88 ans, ce guide peut vous aider à développer votre savoir-faire auprès de votre compagnon canin. En outre, il vous permettra de faire durer ce coup de foudre pendant de nombreuses années.

Parce que la passion cani-amoureuse est au cœur de votre désir de faire évoluer votre chien dans un environnement agréable et harmonieux, je vous dédie ce livre. Il saura vous apporter une dynamique nouvelle, une façon tout à fait actuelle et valorisante de concevoir la relation entre l'humain et le chien. Bonne lecture !

JACINTHE BOUCHARD

INTRODUCTION

Aucune connaissance ne précède en nous l'expérience;
et c'est avec elle que toutes commencent.

EMMANUEL KANT

Une aventure unique

La première qualité du chien est sans doute sa simplicité. Il regarde, observe, accepte que son maître ait des ennuis, des sautes d'humeur, des incapacités physiques ou mentales. Il cherche simplement à exprimer ses besoins et accepte les limites qui lui sont dictées. Ce qu'il préfère par-dessus tout, c'est de pouvoir manger, sortir, marcher, jouer; et il y met une telle énergie que vos ennuis s'envolent. Vous voilà conquis!

Avant de dire «oui, je le veux» à cette petite boule de poils qui vous attire, vous devez vous poser quelques questions importantes. Si vous voulez avoir un animal qui sera un bon compagnon, dans la perspective de vous attacher à lui à cette étape de votre vie, il faut ouvrir les yeux. La passion cani-amoureuse gagne en valeur si elle n'est pas aveugle !

Contrairement à la relation entre deux humains, la communication verbale ne pourra résoudre certains problèmes et l'aide des professionnels sera parfois requise. Malheureusement, il existe encore peu de psychologues canins ou de spécialistes du comportement susceptibles de vous tirer d'affaire en cas de mésentente. Les vieilles recettes des uns et des autres vous sembleront dépassées, et pour cause. À quoi vous raccrocher ? Eh bien ! ce livre contient toutes les informations nécessaires pour réaliser votre rêve d'amitié. Il serait si décevant pour vous de vivre un échec, alors que tous les moyens existent pour développer une complicité harmonieuse entre votre animal et vous. Savoir, c'est pouvoir ! Il faut simplement s'y mettre avec cœur et apprendre à rendre votre nouveau compagnon heureux, docile et agréable.

Lorsque vous éprouvez le désir de vous attacher à un animal, que votre cœur chavire pour ses petits yeux brillants, ses mignonnes oreilles, ses cillements pleins d'affection, alors qu'il incline la tête pour vous supplier de le prendre dans vos bras, demandez-vous d'abord si cette offensive de séduction a de l'avenir. Comment garder les deux pieds sur terre pendant que vous le câlinez un peu ? Je vous propose d'abord de répondre à ces trois questions :

1. Vais-je m'attacher à ce chien pour vingt-quatre heures ou suis-je intéressé à vivre avec lui toute sa vie durant ?
2. Ai-je les moyens de faire vivre ce compagnon en lui offrant un foyer stable, confortable, et tous les soins requis ?
3. Puis-je accorder du temps à cette nouvelle relation de dépendance ? De combien d'heures par jour puis-je disposer pour nourrir cette relation affectueuse ?

Je précise que ces questions sont essentielles et qu'il faut se les poser avant de devenir le pourvoyeur et le propri-ami d'un chien. Si les conditions idéales ne sont pas réunies, vous devriez remettre le chien dans sa cage et travailler sur vos propres objectifs de stabilité dans l'espoir que votre rêve se réalise dans quelques mois ou quelques années. Vous serez réellement prêt à vous engager si vous prenez le temps de vous préparer à accueillir l'animal convenablement. Mieux vous contrôlerez votre environnement, plus agréable sera votre future relation. Que cela vous console en attendant. Il y aura toujours un chien pour vous attendrir, au moment où vous serez prêt à faire le saut dans la vie à deux…

Peut-être avez-vous eu de mauvaises expériences ? La fidélité canine n'est pas facile à obtenir, j'en suis consciente. Nombre de chiens détruisent sans le savoir – comment le sauraient-ils ? – les rêves d'un duo romanesque, d'une vie heureuse avec un compagnon docile, affectueux et bien élevé, vous faisant honneur en toutes circonstances. En général, l'animal est intégré très étroitement à l'environnement d'une personne, parfois à toute une famille qui vit selon des règles que l'humain contrôle, de sorte que le propri-ami et son entourage oublient que leur chien est… un chien !

Mais, au fait, qu'est-ce qu'un chien ? Le chien est un animal social, comme nous, mais d'une espèce différente. Il vit en groupe, comme nous, selon des règles propres à son espèce. Or, ces règles ne concordent pas toujours avec les nôtres. Je dirais même qu'il faut faire un effort constant pour que la relation interspécifique soit durable.

La difficulté première tient au fait que nous attribuons à notre compagnon de vie un certain nombre de rôles que nous croyons normaux, comme si le chien qui entre dans notre maison devenait instantanément un membre de la famille. Holà ! Ce n'est pas si simple, ni pour vous ni pour lui. Il ne suffit pas d'embrasser affectueusement son chien pour qu'il se transforme en prince charmant. Si la bonne fée n'agite pas sa baguette[2], il ne se passera rien de magique, croyez-moi !

Votre chien peut-il logiquement passer de la cage de l'éleveur ou du refuge à votre maison et devenir aussitôt le chouchou de la famille ? Sera-t-il automatiquement l'ami qui joue avec votre enfant sans le menacer, le confident de vos adolescents, le copain avec qui chacun peut lutter, le gardien de votre foyer, le héros qui détecte la fumée en pleine nuit, le rapporteur de balles qui fait votre fierté au parc, celui qui devine vos moindres pensées et vous apporte vos pantoufles ou votre journal ? Les contes de fées regorgent de ces vedettes émouvantes, mais il faut savoir que ces chiens, dressés par des professionnels, sont monitorés pendant des jours pour une séquence de quinze secondes à l'écran. Le reste de leur vie est une vie animale, n'en déplaise aux créateurs de leurs fans-clubs.

Avez-vous déjà dressé la liste de vos attentes ? Le petit animal, s'il savait l'énorme tâche qui l'attend, se mettrait la tête entre les pattes pour pleurer... On lui demande de faire peur aux personnes mal intentionnées qui s'approchent de vous, de votre famille, de vos biens et de votre maison, mais d'être gentil avec les amis, la famille, les copains qui lui tirent les poils et le tripotent comme un ballon de football. On lui demande d'effrayer les intrus, mais sans jamais vous valoir des plaintes des voisins ou des poursuites judiciaires ; de défendre de toutes ses forces votre territoire, mais sans détériorer son enclos ; de respecter votre gazon et de ne pas sauter la haie ; de montrer les dents quand c'est nécessaire, de japper sur demande, mais de ne pas mordre...

De plus, il doit être toujours propre, manger ce que vous lui offrez et montrer sa gratitude sur-le-champ, en plus de vous préférer à toute autre distraction tout au long de sa vie. Il doit respecter vos règles dehors, dans la maison, à l'heure des repas, lorsque vous recevez des invités, en hiver comme en été, lorsque vous l'emmenez marcher ou jouer dans le parc. Il doit continuer de vous aimer même si vous êtes surchargé de travail, même si vous prenez un mois de vacances en l'abandonnant à des étrangers, même si vous êtes mécontent de lui à l'occasion, même si vous criez après lui parce que vous frôlez le divorce… C'est un contrat énorme, ne trouvez-vous pas ?

Mais vous vous dites qu'en contrepartie ce petit être vivant peut compter sur vous. Vous lui donnez le gîte et le couvert et vous lui permettez de passer des jours heureux sans se soucier de son avenir. Soit, mais les chiens ne pensent pas à l'avenir : ils vivent dans le présent ! Les mots « hier » et « demain » ne se traduisent pas en langage canin. La réalité, c'est que le chien dépend de vous parce que vous l'avez voulu, vous, son propri-ami. Cette dépendance devient votre responsabilité et votre compagnon devrait pouvoir compter sur vous toute sa vie durant. Par contre, si vous ne lui consacrez qu'une heure par semaine, la lune de miel sera courte et vos rapports deviendront vite un enfer.

Votre animal ne peut pas être à la fois un garde du corps et un conjoint, le gardien de vos enfants et la peluche qu'ils aiment torturer. Il faut vous faire une raison. L'évolution spectaculaire de l'espèce canine, par comparaison avec d'autres espèces animales, tient en large partie au fait que les producteurs ont sélectionné des qualités spécifiques à chaque sous-espèce de façon à répondre aux demandes des clients. Selon vous, la sélection naturelle aurait-elle permis de combler tant d'attentes dans toutes sortes de contextes ? Un petit examen de conscience s'impose ici…

Selon vous, serions-nous passés de l'époque du chien utile, qui garde les troupeaux en échange de sa pitance, à cette fierté presque maternelle de posséder un chien, courante aujourd'hui ? Sans cette évolution du marketing canin qui a fait naître des projections toujours plus évoluées de ce que le chien peut représenter pour l'humain, et sans le mercantilisme de l'industrie, où en serions-nous ? Nous avons valorisé l'espèce canine en lui attribuant notre passion pour la vie animale et en lui demandant de combler nos besoins affectifs – solitude, insécurité, désir de s'identifier à une possession, besoin de contrôler sans être contredit, orgueil, supériorité, réussite sociale, etc. Longue est la liste des sous-entendus potentiels de la propriété animale. Alors, si le chien que vous avez choisi dépend entièrement de vous, pouvez-vous aussi penser que vous dépendez de lui, sous le masque quasi déifié du tout-puissant parrain qui a tous les pouvoirs ? Mes observations peuvent parfois étonner, choquer même, mais mon intention n'est pas de blesser mes lecteurs : je me permets une lecture franche et personnelle des situations dont j'ai été témoin dans le cadre de mon travail. Mon but est d'améliorer les relations futures et de proposer des solutions concrètes aux habitudes néfastes qui perdurent. J'espère de tout cœur que mes propos seront une source d'aide, d'inspiration, de compréhension, auxquels j'ai voulu conserver une touche d'humour que je vous invite à partager sans arrière-pensées.

Il me semble important de vous inciter à réfléchir avant d'acquérir un animal, et ce, pour que vos attentes soient réalistes et vos efforts, récompensés. Aussi sympathique soit-il, votre petit compagnon à quatre pattes ne remplacera jamais un enfant ni un amoureux, pas plus qu'il ne peut remplir la fonction d'un bon système d'alarme, encore moins d'un détecteur de fumée… Au mieux de son entraînement, sa mémoire sera à peu près comparable à celle d'un enfant de dix-huit mois. Cela vous étonne ? Ce résultat présuppose que votre animal a pu additionner ses meilleures réactions instinctives à un entraînement sans faille de ses conditionnements appris au fil des années. Et il s'en contentera très bien, croyez-en mon expérience ! Il ne ressent pas la nécessité de performer dans un test de quotient intellectuel. Non, il vit simplement sa vie de chien heureux.

Cela dit, vous risquez d'être déçu ou frustré si vous croyez avoir acheté pour mille dollars une Lassie, un Rex, un Rintintin, un Beethoven, une Laïka, une Belle, un Macaire. Ces chiens célèbres[3] de la télé ou du cinéma nous ont fait rêver par leurs qualités exceptionnelles, mais Pavlov[4] nous a appris que cet animal possède des réflexes innés, qui font partie de son bagage génétique propre, et des réflexes conditionnels, ceux qu'un apprentissage leur permet d'intégrer à force de répétition. Au cours des années 1890 et 1900, Ivan Pavlov, médecin et physiologiste russe, a montré à ses chiens à saliver devant la nourriture en associant un autre élément, en l'occurrence le tintement d'une cloche, à ce désir de manger. Par la suite, le simple stimulus sonore pouvait déclencher la salivation des chiens, en l'absence de nourriture. Cette expérience sur les réflexes conditionnels est un cas classique de la psychologie et les éthologistes[5] en tiennent compte suite à la publication de ces recherches très révélatrices.

Ainsi, depuis un siècle, on sait que le chien peut retenir un certain nombre de règles lorsque celles-ci ne contreviennent pas à ses réflexes innés. Cela comprend une forme d'affection partagée entre eux, mais les motivations canines n'égaleront jamais les émotions humaines. Le fait d'aimer votre animal passionnément ne fera pas de lui un autre spécimen biologique : il va rester le même. Mais cette passion que vous avez pour lui peut vous aider à le connaître, à lui consacrer du temps pour développer ses potentialités et faire de lui le compagnon qui embellira vos jours. La qualité de votre préparation à devenir le propri-ami idéal fera de lui, progressivement, le compagnon idéal. L'inverse n'est malheureusement pas possible !

Et si on se mettait au travail pour apprendre à connaître l'univers canin, pour en maîtriser les règles et tirer le meilleur de cette relation ? Êtes-vous novice ? Avez-vous été échaudé par des échecs ? Êtes-vous piégé dans une relation invivable ? Quoi qu'il en soit, voici ce que tout propri-ami doit savoir afin de vivre ou d'espérer vivre un jour en harmonie avec son nouveau compagnon. Ici, pas de raccourci possible ; il faut comprendre l'abc avant tout. Première étape : découvrons ensemble *Canis familiaris*, le chien domestique.

Chapitre 1

CETTE AVENTURE CANI-AMOUREUSE... QUI S'EXPLIQUE

Le plus grand amour est l'amour d'une mère,
vient ensuite l'amour d'un chien, puis l'amour d'un amant.

PROVERBE POLONAIS

Charles Darwin (1809-1882), grand scientifique du XIXe siècle, a présumé, en se basant sur un certain nombre de ressemblances, que le loup serait l'ancêtre du chien. Cette hypothèse perdure encore aujourd'hui. Les meilleurs scientifiques ne s'entendent pas pour dire où, comment et quand *Canis lupus* (loup) se serait métamorphosé en *Canis familiaris* (chien). Avec l'utilisation récente des tests d'ADN et du carbone 14, et grâce à l'exhumation de nouveaux fossiles, les experts sont retournés dans leurs laboratoires. La recherche sur l'origine du chien est en pleine ébullition.

Mais pourquoi ce désir soudain de tout vouloir comprendre de cet animal à poils ? Probablement parce que le chien n'est plus un objet de servitude : il est devenu pour certains un objet de luxe, un moyen de combattre la monotonie de la vie, ou un exutoire aux problèmes existentiels… On est loin de cette vision du vieux cabot qui vivait sur la ferme et qui cherchait à se rendre utile pour obtenir un peu de nourriture. *Canis familiaris* peut relever la tête, car son pedigree est maintenant synonyme d'un enrichissement certain, notamment pour les éleveurs. Il est passé de l'état d'esclavage alimentaire à celui d'ami ou de protecteur. Puis, en quelques années, il fut promu compagnon de vie, accompagnateur des malades, figure affective du couple sans enfant. Nous partageons tout avec lui : notre statut social, notre toit, nos passe-temps, nos repas et parfois même nos heures de sommeil. Jamais dans l'histoire un animal n'a connu une telle valorisation.

Doutez-vous encore de l'affection que les humains vouent aux chiens ? Des sondages récents indiquent qu'une majorité de propriétaires préfèrent la présence de leur chien à celle d'un conjoint. Cela explique sans doute pourquoi cette nouvelle relation humain/canin nous fascine tant. Ceux qui les aiment veulent tout connaître d'eux. Pour leur plaire, ils investissent des sommes impressionnantes. Mais quel est donc cet animal à qui vous accordez toute votre confiance ? Le chien est-il réellement le meilleur ami de l'homme ou ce prédateur redoutable qui a jadis incarné la terreur et la mort ? Le loup est-il caché sous ce visage d'ange que vous caressez sans méfiance ? Il faut savoir pour mieux comprendre… Alors, voyons ce que nous pouvons extraire des plus récentes expertises.

Un Canidé cousin du loup ?

Lorsque les biologistes étudient la morphologie des Canidés, ils répertorient une grande variété d'animaux, dont le coyote, le chacal, le loup et le chien. Ils pourraient tous être de lointaines sous-espèces du loup rouge, qu'on croyait disparu jusqu'au moment où l'on repéra son ADN chez un loup gris, aux États-Unis, il y a quelques années à peine. L'étroite fenêtre de cette hypothèse s'est alors rouverte et les chercheurs ont révisé leurs hypothèses pour la énième fois.

Lorsque je vous dis que la science conserve une part de ses mystères, je n'exagère en rien. En 2004, un fossile de Canidé a été retrouvé en Asie et l'analyse du carbone 14 a révélé que ces ossements ont 16 000 ans. D'autres recherches prouvent que les cousins Canidés sont interféconds et que leurs ADN comportent des similitudes. Mais la constatation générale est qu'il n'y a pas plus de marques génétiques du loup dans un caniche que dans un husky. Le lien de parenté est donc difficile à prouver et la chaîne de l'évolution, fragile à se rompre.

Des écrits anciens relatent un certain nombre de mythes, dont celui d'un homme (*Homo sapiens sapiens*[6]) qui aurait apprivoisé un loup il y a 15 000 ans. Les humains de cette époque, par exemple les hommes de Cro-Magnon de la culture magdalénienne (de 17 000 à 10 000 ans av. J.-C.), ont réalisé les peintures rupestres de Lascaux. J'arrive très bien à m'imaginer les scènes de leur vie quotidienne : ils peignent tantôt des chevaux, tantôt des bisons, tantôt des animaux qui ressemblent à des loups sur les parois de leurs grottes. Cela veut-il dire qu'ils ont apprivoisé le cheval, le bison et le loup ? J'ai beaucoup de mal à accepter logiquement cette légende, parce que les loups et les humains sont des ennemis, et que le loup est le prédateur que l'homme redoute le plus. Sachez que nos ancêtres, à cette époque, vivaient jusqu'à l'âge vénérable de… vingt ans.

Pourquoi donc, un beau matin, le petit-fils de Cro-Magnon, qui a vu mourir ses pères sous les dents des loups, aurait-il eu l'idée d'en apprivoiser un ? Cette espèce représente l'ennemi juré de ce clan qui survit péniblement en chassant le bison, le cerf, disputant au loup les mêmes territoires giboyeux. Les représentants de ce clan n'ont pas encore pensé, à cette époque, à monter sur le dos des chevaux pour se sauver plus vite en cas de danger, ni à fabriquer des cages pour y enfermer leurs ennemis, ni à construire des clôtures pour protéger leurs campements... Alors, vous pensez vraiment qu'un jeune homme aurait approché sa petite main de la gueule d'un loup ? Le mythe survit mais, selon moi, cette thèse est irréaliste.

Pour que le mythe fût viable, il aurait fallu que le bébé loup fût trouvé par les hommes avant l'âge de dix-neuf jours, préférablement à moins de dix jours, quand une imprégnation totale aurait eu toutes les chances de réussir. C'est l'avis de l'éminent chercheur Erich Klinghammer[7]. Il aurait fallu que le bébé fût nourri avec du lait humain pour survivre jusqu'à vingt et un jours. Il aurait fallu dormir avec lui, puis lui apprendre à déféquer et à uriner comme sa mère l'aurait fait dans les premiers jours de son initiation. Puis, à l'âge de vingt et un jours, le lait n'aurait plus suffi au louveteau qui aurait alors lorgné la cuisse de volatile grillée que les Cro-Magnon s'apprêtaient à manger. Croyez-vous que l'animal aurait assisté à un tel spectacle sans rien faire ? Qu'il aurait attendu les restes ? À cette époque, toutes les parties d'un animal étaient utiles et les restes ne ressemblaient à rien. Le premier repas aurait pu se passer dans le calme, mais j'imagine le second assez sanglant ! La mère a donc probablement dissuadé son fils d'apprivoiser un loup, lui proposant d'aller plutôt grimper aux arbres avec ses cousins. Et le loup est retourné à la nature. « Tu essaieras à nouveau dans quatorze mille ans... », lui a-t-elle recommandé dans sa grande sagesse !

La réalité, dans ce contexte, c'est que le loup, cet animal social, peut être imprégné à l'humain, mais cette socialisation ne peut se transmettre génétiquement. Rien à faire ! La même constatation s'applique aux félins. Même si les chats cohabitent avec nous depuis fort longtemps, un chaton privé du contact des hommes développera une attitude agressive instinctive, une crainte incontrôlable de tout humain qui voudrait l'attraper ou l'apprivoiser. J'ai déjà essayé de prendre un chaton né dans une grange et, croyez-moi, je m'en souviendrai toujours, tant il s'est débattu, dents et griffes dehors, pour échapper à mon simple désir de le caresser un peu. La socialisation doit être apprise dès après la naissance, si l'on veut qu'elle soit potentiellement développée.

Ce que l'éthologie nous apprend

L'éthologie d'hier supposait que notre chien était un loup civilisé. Un genre de loup à la toison frisée ou aux longs poils, avec lequel il convenait de se comporter comme on le ferait avec un chef de meute, nommé aussi « loup alpha ». Les subordonnés forment sa meute, sa famille. Pas de rebelles qui survivent, voilà sa loi. Les éthologistes croyaient alors qu'un certain ancêtre, appelons-le le chien alpha, aimait à dominer les autres. Mais ils ont négligé d'aller voir comment se vit la relation dominant-dominé sur le terrain... des loups. Voilà pourquoi leur théorie n'a pas tenu la route. Avaient-ils seulement vu des loups en chair et en os ? Les comportements spécifiques aux meutes de loups ne s'appliquent pas du tout à la relation que nous entretenons avec notre toutou. Croyez-moi, lorsque Pompon nous voit manger, suit nos mouvements lorsque nous franchissons une porte derrière lui, il se fiche d'être dominant ou dominé. Ces deux états n'ont aucune signification pour lui, car il ne cherche pas à s'imposer sous peine de mort : il souhaite simplement que son bol soit rempli régulièrement ! Les loups, eux, auraient tué pour ces deux infractions aux règles. Rouler le chien sur le dos et le regarder dans les yeux ne le fera jamais cesser d'aboyer ni venir jusqu'à nous quand nous l'appelons. En plusieurs décennies de pratique, je n'ai jamais vu un chien se soumettre à son maître comme le font les loups. Le cas échéant, j'aurais plutôt suspecté le résultat d'une situation de violence extrême et de maltraitance de la part du maître.

Dans des cas de cohabitation entre l'homme et l'animal, le loup ne pourrait pas accepter d'être dominé. Pourquoi ? Parce que la dominance du loup alpha s'exerce envers la meute et tout autre obstacle qui se trouve sur son chemin. Si vous êtes cet obstacle, il vaut mieux savoir ce qui vous attend. La dominance offre trois possibilités sans nuance au contrevenant : la soumission, la mort ou la fuite. Examinons de plus près ces possibilités.

1. **La soumission** signifie pour lui que tu fais ton petit bout de chemin avec la meute, sans trop brasser les choses. Je ne te demande pas ton opinion et surtout je ne veux pas la connaître. Tu manges seulement s'il reste de la nourriture, tu ne marques pas ton territoire à l'urine, tu ne hurles que si je hurle d'abord, et tu n'approches pas ma femelle à moins d'un mètre.
2. **La mort** signifie pour lui une action immédiate et sans appel pour n'importe quelles consignes précédentes qui n'auraient pas été respectées. Je t'ai à l'œil et j'ai la dent tranchante.
3. **La fuite** signifie essentiellement pour lui : tu cours plus vite que moi, mais en enfreignant une des règles de la meute tu as défié mon autorité. Ta vie s'arrête dès que tu cesses de courir, car je suis toujours derrière toi.

Cette dominance du loup alpha, acquise après de lourds efforts, n'est malgré tout que temporaire. Aussitôt qu'il aura pris de l'âge, qu'il sera blessé ou plus vulnérable, l'alpha sera contesté, souvent par l'un de ses fils qui n'hésitera pas à le mettre à mort pour acquérir ses privilèges. Ces conflits se manifestent plus fréquemment en période d'accouplement. Le jeune loup de deux ou trois ans désire aussi la femelle alpha en chaleur, qui est sa mère, et il doit donc se battre contre son père, le chef de la meute. Les comportements de dominance d'un alpha se limitent à l'utilisation de la peur dans le but d'influencer les autres membres de la meute, et à l'inhibition de leurs comportements susceptibles d'engendrer des conflits au sein du groupe. Chacun des membres connaît les comportements à adopter pour limiter les conflits, mais si l'un d'eux décide, pour une raison ou une autre, de ne plus se soumettre, c'est la mise à mort.

Vous constatez que ce n'est pas le genre de relation que nous entretenons avec notre animal de compagnie. Si tel était le cas, nous ne pourrions pas vieillir, nous blesser ou le laisser jouer avec des chiens inconnus dans un parc. Le chien ne pourrait pas guider les aveugles, les autistes ou autres handicapés. Nous serions à la merci de sa dominance. Et ne parlons pas des enfants ! Si notre chien avait des comportements de loup, il n'y aurait plus d'enfant chez nous. Les instincts de prédation du loup sont tels qu'au moindre mouvement l'enfant serait mordu à mort. C'est que le loup vit dans une meute hiérarchisée et qu'il doit se battre constamment pour conserver son poste. Il n'admettra aucun intrus, de quelque espèce que ce soit. En principe, la théorie veut que les loups qui vivent en meute se reproduisent mais, dans les faits, seul le loup alpha peut s'accoupler. Du moins, tant qu'il est le chef...

Il est grand temps, selon moi, qu'on cesse d'interpréter les comportements du chien comme des comportements équivalents ou partiellement copiés sur ceux du loup. L'un des premiers mythes à défaire est de nourrir l'idée que votre chien veut vous confronter, qu'il veut dominer. Examinons pourquoi cette idée vous « conditionne » dans vos relations avec votre chien.

Si vous croyez que le chien veut vous confronter, le processus d'analyse de votre cas passe par les étapes suivantes :

A. Tentez de comprendre les signaux de votre chien.
B. Questionnez vos propres émotions.
C. Respirez profondément, faites un effort pour relaxer la mâchoire.
D. Exprimez des signaux positifs, amicaux ; orientez l'attention avec entrain (Youpi et biscuits).
E. Pratiquez cet exercice chaque fois que vous avez le sentiment d'être défié par votre chien.
F. Réagissez en vous amusant, indiquant que vous êtes assez intelligent pour changer vos approches. Si nécessaire, prenez du recul et revoyez votre stratégie de renforcement d'un bon comportement.

Les comportements associés au leadership qu'un propri-ami met en pratique sont rassembleurs et s'opposent même au style du dominant. Chez l'humain :

- le dominant utilise le « je » ;
- le leader utilise le « nous » ;
- le dominant crée la peur ;
- le leader inspire de la confiance ;
- le dominant sait comment agir ;
- le leader montre aux autres comment agir ;

- le dominant donne des ordres ;
- le leader montre comment obéir ;
- le dominant se fie à son autorité pour que les choses se fassent ;
- le leader compte sur la coopération ;
- le dominant provoque du ressentiment ;
- le leader stimule l'enthousiasme et la motivation.

L'éthologie et les sciences appliquées ont évolué et, par respect pour notre ami le chien, réveillons-nous ! Depuis nombre d'années déjà, les spécialistes du comportement animal considèrent le chien comme une espèce en soi. Il s'agit selon moi d'une espèce unique avec des comportements, des caractéristiques et des besoins spécifiques.

L'autre point à clarifier touche à la reproduction interspécifique de certains Canidés. Le chien, le loup, le coyote et le chacal sont des espèces différentes appartenant à la même grande famille des Canidés, mais ils ont des comportements sociaux différents, bien qu'ils soient interféconds. Par exemple, les loups ne se nourrissent pas de déchets humains et ne pillent pas les fermes, comme l'ont démontré les essais de réintroduction de certaines espèces dans le parc de Yellowstone[8]. Ce sont les coyotes et les renards qui, carnivores, charognards et fourrageurs, font le malheur des fermiers. La seule présence des loups sur un territoire suffit à modifier les comportements des autres espèces, tant ses caractéristiques sont immuables.

Tout comme le lion et le tigre, qui sont interféconds malgré leurs comportements différents, ces espèces sont considérées à juste titre comme différentes, mais compatibles dans certaines conditions. Les scientifiques s'entendent pour dire que des spécimens distincts, même génétiquement en mesure de se reproduire, qui ont suivi un chemin évolutif propre à leur genre, peuvent être aujourd'hui considérés comme des espèces différentes. On observe ce phénomène chez les mammifères marins, par exemple. Certains sont interféconds, mais vivent dans des océans différents. La connaissance de ce phénomène est nouvelle, puisqu'il a fallu attendre que la science nous permette, par divers tests, de savoir que le tigre de Sibérie peut se reproduire avec le lion d'Afrique. Dans la nature, cela ne se produit jamais, mais deux spécimens nés en captivité, mis en contact depuis la naissance par une cohabitation constante, peuvent se reproduire.

La conception d'une descendance hybride chien-loup ne se ferait pas naturellement non plus. Il faudrait un loup imprégné et gardé en captivité. Le chien qui habite chez l'homme et reste sur le balcon ne sera jamais approché par un loup. Un loup n'approche pas les humains. De plus, le loup doit idéalement être un mâle : une louve sauvage ne se laissera pas monter par un chien[9].

Les véritables ancêtres de *Canis familiaris*

En matière de généalogie canine, de nombreuses théories s'affrontent, les unes plutôt fantaisistes, alors que d'autres s'appuient sur des faits plus sérieux, sans toutefois faire l'unanimité. Comme personne ne peut prétendre à la vérité, j'exposerai les points de vue de quelques spécialistes.

D'abord, nous savons que *Canis familiaris* est un mammifère de la famille des Canidés. Les premiers mammifères apparurent il y a 200 millions d'années. Ils se nourrissaient d'herbe et peuplèrent progressivement tous les continents par des mouvements terrestres des populations. La diversification des espèces donna naissance, il y a 100 millions d'années, aux Créodontes qui, eux, se nourrissaient uniquement de viande. Ce furent les premiers carnassiers.

Les Créodontes évoluèrent à leur tour et, 50 millions d'années avant notre ère, ils laissèrent la place aux Miacidés, petits carnivores de la taille et de l'apparence d'une belette. Ceux-ci colonisèrent l'Amérique du Nord, puis l'Eurasie qu'ils gagnèrent par le détroit de Béring, territoire non encore immergé à cette époque. C'était il y a 35 millions d'années.

Pendant les 25 millions d'années suivantes, cette famille de carnivores prit racine dans différentes régions, évoluant en fonction des climats, des terrains et des gibiers auxquels ils s'adaptèrent. Les Miacidés devinrent des Cynodictis, puis des Hesperocyon et ensuite des Tomarctus.

Il y a 10 millions d'années, les individus retournés en Amérique du Nord, au hasard de leurs migrations, s'y fixèrent. Apparut alors *Canis lepophagus* qu'on peut considérer comme l'ancêtre du Canidé moderne. À son tour, ce dernier repassa le détroit de Béring.

En Amérique du Nord, ses descendants sont nombreux: le chacal, le coyote, le chien de village et en principe le loup américain. Mais la différenciation des 10 000 dernières années nous permet de prioriser, comme ancêtre plausible, le très humble chien de village.

Deux chercheurs de renommée internationale me fournissent ici des arguments suffisamment documentés pour que je juge leur théorie valable: ce sont les Drs Ray Coppinger[10] et Catherine Lord qui ont observé, analysé et établi des corrélations convaincantes en cette matière. Selon eux, il existe une race de chiens – des millions de spécimens semblables autour du globe – que tout le monde connaît depuis l'Égypte ancienne. Ils existent depuis 15 000 ans et se sont dispersés autour de l'équateur, tant au nord qu'au sud. Nous en avons rencontré à Cuba, au Mexique, en Espagne, en Inde, en Thaïlande, au Maroc, au Brésil, en Équateur et partout en Afrique. Ils ont les mêmes caractéristiques: trente centimètres au garrot, poil ras, oreilles mi-tombantes, toutes couleurs possibles, du blanc au noir ou au brun. Vous en avez certainement déjà vu, vous en avez rencontré, mais vous ne leur avez pas porté une grande attention. Pourtant, ce sont de vrais chiens de race. On les appelle « chiens de village ». Ils n'appartiennent à personne, n'ont pas de nom et vivent en commensalisme[11] avec l'humain. Mais personne ne les flatte ni les laisse entrer dans les maisons.

D'anciens écrits musulmans dictaient au peuple de les éviter comme la peste ; de vieux textes chrétiens les disaient porteurs de péchés diaboliques. Malgré l'indifférence des humains, cette race a survécu et se porte toujours aussi bien. Au cours du dernier siècle, l'homme a organisé des massacres massifs de l'espèce pour contrer la propagation de la rage, mais ces chiens sont les rois de l'adaptation et survivent sans vaccin, sans caresse, sans tapis, sans niche et sans biscuit. Ils se nourrissent essentiellement à même les poubelles et les déchets des humains. Ils ne chassent pas, ne touchent pas aux volailles qui errent dans les rues. Ils ne sont pas charognards, préférant les restes de table cuits ou la viande assez fraîche pour être digestible, d'où leur attrait pour les sites où les humains jettent leurs détritus. Ils sont, malgré leur apparence négligée, de merveilleux canins qui, comme notre cher toutou, vivent en petits groupes pour des raisons de survie, mais sans la hiérarchie qui se perpétue chez les loups.

Les femelles ont leurs petits aux abords des villages. Les chiots grandissent au milieu des bruits familiers et des déchets humains. C'est la raison pour laquelle ces chiots sont si calmes et ont une courte distance de fuite. Ils ne craignent pas les hommes. En nous approchant doucement d'eux, nous pouvons presque arriver à les flatter. Ce qui ralentit cet apprivoisement, c'est leur réputation de chiens malpropres, miteux et porteurs de maladies. Certains les comparent aux rats, à tort sans doute car, somme toute, c'est seulement leur errance qui les marginalise. Ce sont des itinérants qui ont choisi ce mode de vie sans méchanceté aucune.

Les villageois considèrent avec curiosité et étonnement les citadins soi-disant modernes qui adorent les chiens et les traitent presque comme des humains. Pour eux, nos excès apparaissent comme une attitude parasitaire[12] face aux chiens. Nous nous vantons de connaître les noms des deux cents espèces de chiens de race pure, mais nous éprouvons de la répugnance à l'idée de flatter ces bâtards qui ont traversé les siècles pour arriver jusqu'à nous. Sans prétention, sans noblesse, ces chiens poursuivent humblement leur route sans chercher à obtenir davantage des hommes que cette proximité nourricière.

Ce dégoût est le fruit d'une longue discrimination culturelle. Imaginons des touristes qui débarquent à New York et attrapent les rats pour les flatter en leur attribuant des noms affectueux, parce que, dans leur pays, les rats sont des dieux. Il est à parier que nous ne verrions pas d'un bon œil ce comportement. Le danger, en fait, est de prendre pour des défauts les résultats de l'adaptation des animaux à un environnement des plus arides.

Par ailleurs, qu'en serait-il si les chiens de village avaient un nom prestigieux, un pedigree et un bon agent de marketing ? Nous serions sans doute attirés par leurs caractéristiques, comme nous nous attachons souvent à des chiots d'aspect rébarbatif. Dernièrement, en République Dominicaine, près d'un marché, déambulait un magnifique chiot d'environ six semaines, pur *Canis villagis*. Je cours, le saisis et lui donne un gros baiser. Des touristes qui m'observent ne retiennent pas leurs commentaires : « C'est écœurant ! Elle va attraper un virus ou une maladie ! Quelle imprudente ! » Devant les visages réprobateurs, je m'empresse de demander à qui appartient ce magnifique chiot. Personne ne répond. Donc, il n'est à personne. Je demande alors s'il est à vendre... Et tout à coup ce petit animal acquiert une grande valeur ! Soudainement, une dizaine de personnes me vantent son pedigree et m'assurent qu'il vaut « au moins mille pesos[13] ».

Que faut-il en penser ? Eh bien ! si vous avez le sens des affaires, courez investir dans la reconnaissance de cette nouvelle race. Vous répéterez ainsi ce comportement humain qui a permis d'attribuer une valeur pécuniaire à toutes les autres races aujourd'hui réputées. En effet, dans chaque région, sous chaque climat et dans chacune des étapes de son évolution et de sa survie, l'homme a pratiqué un élevage sélectif qui a affiné les caractères spécifiques du chien et produit les très nombreuses variétés que nous connaissons. À la clé, il y a eu des acheteurs et des bénéfices substantiels. L'histoire du chien se poursuit, sans plus, et la prochaine intégration des chiens de village permettra sans doute de relier la lignée des bâtards, ces itinérants résistants à toutes les contraintes, à la chaîne naturelle de l'évolution des espèces canines.

Dans quelques années, quand nous aurons la preuve que ces chiens de village sont les premiers chiens de race pure, les riches se rueront pour se les procurer et créer de clubs sélects en leur honneur. Personnellement, je souhaite qu'on baptise cette nouvelle race « chien de Coppinger », en l'honneur de Ray et Lorna Coppinger, les instigateurs des recherches scientifiques qui soutiennent la théorie la plus plausible.

C'est exactement de cette façon que, un bon jour, un type de chien acquiert une valeur marchande, un nom et une existence reconnue. Le chien de Coppinger pourrait être le chaînon manquant entre le loup et le chien domestique. Il aurait été, par mutation génétique, le premier spécimen canin à ne pas craindre l'homme. Et le fait qu'il se nourrît des déchets humains abondants et accessibles augmenta grandement ses chances de reproduction, donc ses chances de perdurer.

Le loup ne s'approche pas de l'homme, nous l'avons dit. Il fuit à des kilomètres par instinct ou il passe à l'attaque. Par conséquent, ce n'est pas un loup qui a abordé l'homme, mais une mutation de loup, un canin qui n'avait pas le gène « fuyons l'homme ». Il devait aussi être physiquement différent du loup, comme l'a démontré le scientifique russe Belyaev[14] : par sélection d'un trait comportemental, une population de renards roux fut modifiée quant à l'apparence physique en seulement dix-huit générations. Le principe de la mutation génétique est fort simple. Darwin, jadis, nous apprit que dans toute population chaque génération compte 2 % de mutations génétiques. Donc, si cent enfants naissaient aujourd'hui, deux d'entre eux auraient des traits différents, spécifiques, par exemple un nez pointu et recourbé, une vue exceptionnelle, six orteils, un bec-de-lièvre, les pieds plats, etc. Par la suite, si ces nouveaux spécimens survivent et se reproduisent, s'ils résistent et s'adaptent à leur environnement, ils transmettront ces traits, marginaux au départ, à une lignée nouvelle.

Chez les humains, par exemple, les Inuits sont trapus et ont les yeux bridés. Si, parmi les 2 % d'individus mutés, un grand maigre aux yeux ronds apparaissait, il aurait moins de chances de survivre au froid et de se protéger des rayons du soleil qui se réverbèrent sur la neige. Par conséquent, sa reproduction serait improbable, donc ses caractéristiques physiologiques ne seraient pas transmises à des descendants. Voilà pourquoi les Inuits trapus aux yeux bridés, très bien adaptés à leur environnement polaire, se sont perpétués. Ainsi ont évolué les caractéristiques génétiques de tous les êtres vivants.

Alors, l'ancêtre de votre petit compagnon à poils est celui qui, selon moi, était le mieux adapté à son milieu : le modeste chien de village.

Maintenant que nous avons remonté la lignée de notre sympathique *Canis familiaris*, que nous connaissons certains traits dominants propres à son espèce, nous pouvons faire un énorme bond dans l'apprivoisement de ses comportements. Le chapitre qui suit a pour but de vous outiller concrètement pour faciliter la communication entre vous et votre chien. Et le grand philosophe Kant nous le redit : « Aucune connaissance ne précède en nous l'expérience : et c'est avec elle que toutes commencent. » Pour nous, amoureux des chiens, cette vérité nous rappelle qu'aimer, c'est savoir être patient, attentif et passionné, quel que soit le défi que nous pose la cohabitation avec notre compagnon canin.

Chapitre 2

CETTE AVENTURE CANI-AMOUREUSE... QUI S'APPREND

Aux qualités qu'on exige d'un chien,
connaissez-vous beaucoup de maîtres
qui soient dignes d'être adoptés ?

Beaumarchais

Lorsque vous décidez d'adopter un chien, vous rentrez à la maison avec cet animal qui représente beaucoup pour vous. Dans les premières heures de cette cohabitation, vous vous rendez compte que le vendeur ne vous a pas donné le précieux mode d'emploi. Rien ne vous indique comment amener ce petit animal à faire ses besoins où il le faut et quand il le faut, ni à dormir aux mêmes heures que toute votre famille. Il n'existe pas non plus de télécommande qui permette de désactiver le chien lorsque vous êtes fatigué. Pour vous guider, vous devrez vous en remettre à votre sens de l'observation. Mais, à vrai dire, c'est beaucoup plus amusant ainsi…

Avant de paniquer, je vous incite à vous faire confiance : tout nouveau que soit votre rôle de propri-ami, vous êtes en mesure de trouver les petits repères d'adaptation qui sont la base de cette nouvelle aventure. Je crois utile de vous expliquer comment fonctionne cette drôle d'invention qu'est le chien, et j'espère que vous en prendrez connaissance avant de vivre quelques expériences difficiles. En vérité, le propri-ami a besoin de certains outils pour mieux jouer son rôle, mais sachez que le chien est un animal extraordinaire qui s'adapte à tout et accepte aisément notre incompréhension, sans nous juger. Peu d'êtres vivants peuvent se plaire aussi facilement au milieu de gens qui ne les comprennent pas ou les comprennent peu. Pourtant, le chien sait apprécier, jour après jour, ce que vous êtes capable de partager avec lui. Serait-il plus philosophe que nous ? Si vous avez des adolescents à la maison, cette question pourrait engendrer une bonne discussion, pas vrai ?

Cela dit, comme je dois m'adresser à tous les lecteurs, je me garderai de privilégier une race de chien plutôt qu'une autre. Je ne voudrais blesser personne, d'autant que chacun sait que son chien est sans contredit le plus doué de tous ! Comme c'est aussi ce que je pense du mien, nous sommes tous sur la même longueur d'onde.

Sans vouloir jouer les psys, je pense que, si l'humain est si pointilleux quand il s'agit de défendre son animal préféré, c'est peut-être parce que ses comportements correspondent assez souvent à ceux de son animal. Et ce n'est pas la faute du nouveau venu… Les comportements de chaque chien sont en partie dictés par leur instinct inné, et en partie par ce que l'environnement lui apprend par les stimuli – et le maître fait partie de cet environnement.

Pour vous encourager, sachez que le chien va apprendre, qu'on le veuille ou non. Dès sa naissance, son cerveau, comme une éponge, absorbe des données et les assimile. Ses connexions neurologiques se mettent en action et tissent peu à peu le fondement de son intelligence. Nous allons utiliser le mot « intelligence » pour décrire la quantité de connaissances et la facilité à les relier pour produire un comportement, des actions, et générer diverses conduites en société. On ne peut pas parler de raisonnement canin, mais plutôt de « comportements conditionnels ». Lorsque toutes les conditions d'une situation se répètent exactement, le chien fera ce qu'il a appris à faire, comme s'il s'agissait d'une séquence mécaniquement enchaînée. Ses synapses[15] enregistrent le tout, que ce soit pour le stimuler ou le freiner, selon le contexte.

Au début de son intégration, le chiot a peu de connexions dans son inventaire et c'est pourquoi il a du mal à s'adapter à de nouveaux stimuli. Il ne sait comment réagir face à des situations inconnues. Il a des peurs inexpliquées, simplement parce que les données de cette immersion n'existent pas dans son cerveau. Il est moins enclin à décoder le comportement qui convient, mais vous apprendrez peu à peu à l'aider à développer ses capacités d'apprentissage. À mesure que des situations répétitives s'enregistreront, il les emmagasinera. Il convient alors de récompenser ses bonnes réactions pour que ce comportement se répète. Cette façon de procéder s'appelle le renforcement positif.

On pourrait peut-être dire que « mon bébé chien va devenir conscient », en lui prêtant une capacité d'évoluer comme celle d'un bébé humain, mais la conscience n'existe pas chez les animaux, quoi qu'on en dise. L'attachement affectueux de l'humain au chien peut prendre toutes sortes de formes. Certains s'émerveillent de l'évolution, des marques d'affection, des expressions comiques ou pathétiques de leur animal, au point de perdre de vue l'aspect réaliste du développement canin. Ouvrons ici une parenthèse sur la tentation de prêter à notre animal des sentiments humains et des capacités émotives. Si vous vous dites qu'il est « conscient et intelligent puisqu'il m'aime », vous vous rendez coupable d'anthropomorphisme[16], phénomène qui s'amplifie actuellement dans nos sociétés. Pour conserver un sens réaliste de ses capacités réelles, il faut revenir aux faits, au bagage génétique de l'espèce et éviter de croire avec naïveté que l'animal a des facultés humaines. Votre animal peut certes devenir votre miroir sur le plan de ses caractéristiques physiques et de l'image sociale que vous voulez projeter, mais les similitudes s'arrêtent là. Fermons la parenthèse.

Dans le bagage global de votre animal, plus de 80 % de ses connexions neurologiques se feront au cours des deux premiers mois de sa vie. Cette information est majeure. Est-ce assez convaincant pour vous amener à choisir votre chiot chez un éleveur consciencieux ? Et n'hésitez pas à le questionner sur ses pratiques, à observer l'environnement premier de l'animal, car ce qu'il aura fait ou connu avant vous sera sa base de mémoire canine. Il sera difficile, voire impossible dans certains cas, de déprogrammer ses premiers comportements pour les reprogrammer, car ils se sont inscrits en lui dès sa petite enfance.

Parmi les éléments de base de cette éducation, j'aimerais identifier d'abord l'acceptation de la présence humaine. De façon graduelle et sensible, dès sa naissance, le chiot doit être manipulé tous les jours, entendre différents bruits familiers, voir et sentir les objets qui font partie de la vie domestique et s'habituer aux humains, adultes et enfants, pendant un minimum de quatre mois. En effet, de la naissance à quatre mois, le chiot traverse une période déterminante : la socialisation. On pourrait imager cette période comme une fenêtre qui s'ouvre à la naissance et se referme quatre mois plus tard. L'essentiel de son conditionnement sera acquis pendant cette courte période.

Chez le loup, dix-neuf jours suffisent. Chez les oiseaux, quelques minutes seulement, dès que l'œuf se brise, et l'oiseau s'imprègne de la personne qui est devant lui, de rien d'autre. Après ce court délai, la fenêtre se referme. Chez les chevaux, ce laps de temps dure environ quarante-huit heures, donc on doit être présent à la naissance du poulain si l'on veut établir un lien privilégié avec lui. Chez les humains, cette fenêtre serait ouverte pendant cinq ans. Toute espèce vivante dispose de cette fenêtre, laps de temps où le cerveau accepte sans peur les conditions propres à son environnement. Tout ce qui lui sera apparu alors fera partie intégrante de son répertoire de connaissances et de comportements pour le reste de sa vie. Les bonnes expériences le resteront, les mauvaises le marqueront à jamais.

Le premier réflexe à identifier : la défense

Votre petit animal possède des modes de communication, une sorte de langage non verbal qui lui permet d'exprimer sa réaction instinctive. Au début, le propri-ami n'est pas familier avec ce code. Il convient donc d'observer chaque micromouvement de votre animal pour mieux le comprendre. Les premiers mouvements sont essentiellement des réflexes de défense. Voyons comment ils se manifestent et s'expliquent.

Les réflexes de défense, comportements adaptés aux situations subitement dangereuses, sont gérés par le cortex primitif et stimulés par la production rapide d'hormones, principalement l'adrénaline. Face au danger, les animaux, y compris *Homo sapiens,* réagissent de la même façon.

1. **Figer.** Le corps se fige, l'immobilité est complète. Certains animaux, passés maîtres dans cet art, utilisent ce réflexe de défense dès qu'ils sentent leur vie menacée. Le tatou, le porc-épic et la tortue sont de bons exemples. En situation de stress, tous les animaux se figent plus ou moins longtemps, avant d'opter pour le réflexe suivant.
2. **Fuir.** Le corps se crispe, les jambes se bandent et l'animal disparaît dans un éclair. La fuite est un réflexe de survie qui a fait ses preuves. Cependant, il faut fuir rapidement et… courir longtemps. C'est que les prédateurs sont stimulés par le mouvement ; il faut donc être en bonne santé pour les battre de vitesse. Les très jeunes individus et les très vieux n'ont pas cette chance. Ils ont le réflexe de fuir, mais ne le font pas assez rapidement et les prédateurs les rattrapent. De nos jours, le chien est souvent attaché et a difficilement recours à ce réflexe. Il optera donc pour la troisième possibilité.
3. **Se défendre.** Lorsque la fuite n'est plus possible, il faut se défendre, attaquer. Le corps est prêt. Dents, griffes, cris, regards…, tout est mis en branle pour se montrer gros, fort et menaçant. Même un petit animal peut utiliser cette stratégie. Tous les coups sont permis. Les animaux énormes et puissants se défendent tout de suite au lieu de fuir, car ils en ont la capacité. Le chien, en situation de stress, se fige pour faire fuir l'ennemi, mais l'ennemi est resté. Le chien a essayé de fuir, mais il était attaché et tentera donc de mordre l'ennemi. Ce peut être un enfant, par exemple, qui se sauve à son tour. Le chien connaît maintenant quel réflexe utiliser quand un ennemi, quel qu'il soit, même en culottes courtes, le menacera : la morsure.
4. **Faire semblant.** Certaines espèces excellent dans l'art de « faire semblant ». Ils peuvent simuler une blessure ou la mort

subite. Certains oiseaux attirent sur eux l'attention d'un prédateur afin de protéger leurs petits. Des serpents simulant la mort sécrètent une substance qui imite l'odeur de la chair pourrie. Ce dernier réflexe est plus difficile à remarquer chez le chien.

Voyons maintenant un exemple de réflexe de défense assez fréquent. On peut l'observer, entre autres, dans le cas d'un chien qui n'a pas été socialisé avec de jeunes enfants.

1. Le jeune enfant regarde le chien en levant les bras et en criant de joie. Le chien se fige.
2. L'enfant tente d'attraper le chien pour le caresser. Le chien fuit sous la table.
3. L'enfant coince le chien sous la table. Le chien le mord.
4. Les parents portent plainte.
5. La réputation du chien est compromise irrémédiablement et celui-ci est euthanasié.

Cet exemple est important. L'immobilité d'un chien qui est manipulé ne signifie pas nécessairement qu'il aime se faire toucher. J'ai souvent vu des chiens prétendument bons pour la zoothérapie manifester des comportements de défense en se figeant devant un groupe d'écoliers. DANGER ! Face à ce phénomène comportemental, l'humain doit décoder la peur et ne pas insister. Sinon, le réflexe de défense entraînera une mauvaise expérience.

Pour apprécier ce qui se passe alors dans le cerveau primitif de l'animal, voyons ses réactions. Rappelez-vous aussi que les réflexes de défense sont généralement exprimés par des essais et des erreurs.

- Si je fige, j'éloigne l'agent stressant. Ce sera la technique à utiliser chaque fois que je fais face à une telle situation.
- Si je fige et que cela n'éloigne pas l'agent stressant, je fuis ; technique enregistrée.
- Si la fuite éloigne l'agent stressant, ce sera dorénavant la technique à utiliser.
- Si je fuis et que cela n'éloigne pas l'agent stressant, je mords ; technique enregistrée.
- Si la morsure éloigne l'agent stressant, ce sera dorénavant le réflexe à utiliser.

Maintenant, je comprends mieux la raison pour laquelle, lorsque j'étais enfant, le petit chien de ma vieille tante voulait me mordre quand je tentais de le prendre. À qui la faute ? Ma bonne tante n'était pas consciente de l'enchaînement des réflexes de son toutou. Elle vivait seule avec son animal et l'avait isolé des réalités du monde extérieur. Et mes parents me laissaient faire, moi qui étais si heureuse de voir Pompon. Mais ce n'était pas la faute du chien si je risquais la morsure à chaque approche : il réagissait simplement avec ses connaissances et répondait à ses pulsions. Mes parents auraient dû me dire : « N'insiste pas pour le caresser tout de suite, car il ne te connaît pas. Attends qu'il se familiarise et tu essaieras plus tard. » En fait, la propension à mordre nous indique que l'animal n'a pas été socialisé pour accepter les manipulations par les enfants. Il se fige, il fuit, il se défend, peu importe contre qui. Le travail du propri-ami sera de le socialiser, s'il en est encore temps.

Touchons un mot sur l'agressivité des chiens et l'attitude de certains propriétaires. Il existe des chiens qui ont des pathologies graves qui les font réagir de façon agressive. Mais certains humains ont aussi des comportements incitatifs, voire provocateurs, qui rendent leurs chiens agressifs. Eh oui ! Un chien qui a déjà mordu dans une situation donnée a toutes les chances de remordre dans la même situation. Pourquoi ? Parce que sa stratégie de défense a été un succès ! Rares sont les enfants, par exemple, qui vont continuer à flatter un chien qui vient de les mordre. Pour l'animal, cette morsure a éloigné l'agent stressant, donc c'est une recette gagnante. Le maître attentif devrait s'en rendre compte et faire en sorte que ce scénario ne se reproduise pas. Une réaction immédiate s'impose pour éviter la répétition de cette attitude agressive, sinon le problème perdurera. Il ne s'agit pas d'un fait isolé ou d'un contexte excusable : le chien ne réfléchit pas si on le met en punition dans un coin. Il ne se corrige pas de lui-même. Il a exécuté une séquence comportementale gagnante et, à la prochaine occasion, il refera les mêmes choix, d'instinct.

Un chien attaché à sa niche est plus agressif. Une personne s'approche pour le flatter et elle se fait mordre. Pourquoi ? Parce que le fait pour le chien de se figer n'éloigne pas l'agent stressant : les gens avancent tout de même vers lui. En outre, fuir est impossible, car il est attaché. Quelle solution reste-t-il ? La morsure. Et l'agent stressant s'éloigne tout de suite. Pour le chien, c'est une réaction normale d'autodéfense, même s'il a mordu le meilleur ami de votre fils. Raccourcir sa chaîne ou le battre après coup n'y changeront rien. S'il ne peut fuir, il mordra !

Il faut aussi défaire certains mythes, dont celui du chien gardien. Le concept de protection de territoire n'existe pas chez *Canis familiaris*, toutes races confondues. Le chien se défend lui-même, certes, mais c'est tout. Si votre chien défendait vraiment votre voiture, il ne laisserait personne y entrer. Or, il ne la protège que lorsqu'il est à l'intérieur de celle-ci. Je peux voler votre voiture facilement si le chien n'est pas à l'intérieur. Il ne protège donc pas votre voiture, mais il se protège lui-même à l'intérieur de la voiture, quand la fuite lui est impossible. Il opte alors pour la défense : japper et mordre celui qui le menace. Le même phénomène se produit pour un chien qui nous donne l'impression de garder le jardin. Imaginez le chien dans le jardin. N'importe qui peut y entrer facilement, sans demander la permission. Le chien se protège des menaces ; un point c'est tout !

Le chien familier, sans entraînement spécifique, ne garde pas autre chose que ses fesses et ne défendra rien d'autre que sa propre vie. Donc, changez régulièrement les piles de vos détecteurs de fumée et verrouillez les portes. Des milliers de maisons ont brûlé ou ont été dévalisées sans que le chien, qui était censé les garder, n'intervienne. C'est que les circonstances ont fait qu'il n'était pas menacé, qu'il avait un autre moyen de se mettre à l'abri du danger. Les animaux héroïques mentionnés dans les journaux sont des gouttes d'eau dans l'océan. Ces faits exceptionnels sont interprétés avec une trop grande émotivité, ce qui, à mon humble avis, brouille la réalité canine. Un chien qui hurle parce que la maison est en flammes tente-t-il vraiment de réveiller la famille pour la sauver, ou hurle-t-il pour qu'on lui ouvre la porte ? Les chiens n'ont pas la conscience d'un enfant de deux ans. Comment pourraient-ils sauver la planète ? En fait, le héros du jour réagit essentiellement parce s'il se sent menacé. C'est un réflexe !

Les chiens sont parfaits en tant que chiens. Par respect pour ces animaux, il faut cesser de leur attribuer des caractéristiques insensées. Nos attentes envers eux sont irréalistes, de sorte que nous sommes déçus lorsqu'ils échouent une tâche dont ils ne connaissaient même pas l'existence.

Le deuxième réflexe : la prédation

Le loup est un vrai prédateur carnivore. Prédateur, parce qu'il exécute toutes les séquences comportementales de prédation et se nourrit de ses proies. Carnivore, parce qu'il a besoin de protéines animales pour survivre. Le chien n'est pas un prédateur, puisqu'il n'exprime pas toutes les séquences comportementales de prédation ; et il n'est pas un carnivore, puisqu'il n'a pas besoin de protéines animales pour survivre.

Voyons comment fonctionne le phénomène de prédation. Quand un animal est stimulé par une proie ou par tout autre objet en mouvement, il entre dans un état second. Tous ses sens se mettent en mode prédation. Il n'entend, ne voit et ne fait que ce que son instinct lui dicte. Ce comportement se divise en séquences spécifiques.

A. Regarder. Il devient soudainement un chasseur à l'affût, un guerrier.
B. Courir. Il veut attraper cette proie qui bouge et tente de se sauver.
C. Blesser. Il la mord une première fois pour l'immobiliser.
D. Secouer la proie. Il joue avec sa proie en la gardant vivante.
E. Blesser à mort. Il tue la proie d'une morsure fatale.
F. Disséquer la proie. Il amorce l'éviscération.
G. Ingérer. Il consomme sa proie et occasionnellement la partage, selon le contexte.

Les caractéristiques de cette chaîne de comportements sont faciles à reconnaître, mais impossibles à arrêter.

Le regard. L'animal fixe intensément la proie, sa gueule est fermée, il retient son souffle. Ses sens l'orientent vers un but ultime. L'animal entre dans un état second, stimulé par le mouvement de la proie.

La course. Le prédateur se jette dans une course rapide. Il poursuit sa proie et tente de gagner du terrain. Il est très excité par cette chasse.

La morsure de préhension. L'animal saisit sa proie dans le but de l'immobiliser. À ce stade, le prédateur recourt à différentes techniques de morsure, en fonction de la taille de sa proie. Il veut d'abord la soumettre, tout en conservant son taux d'adrénaline au maximum.

Le secouement. Une fois qu'ils ont leur proie dans la gueule, plusieurs prédateurs (mais pas tous, et pas dans tous les cas) la secoueront d'un mouvement sec et rapide. La fonction de ce comportement n'est pas bien connue. Chez les grands félins, ce serait peut-être pour faire pénétrer les canines entre les vertèbres dans le but d'attaquer la moelle épinière. Certains scientifiques croient que ce serait peut-être pour inciter la proie à bouger, pour prolonger la stimulation de prédation. Car la chasse procure au prédateur un plaisir évident. La faim n'est pas toujours une motivation à la prédation.

La morsure fatale. À ce moment, l'animal se positionne de façon à en finir avec la proie. Malgré les croyances, les grands prédateurs ne saisissent pas leurs victimes à la gorge pour leur sucer le sang, mais ils tentent plutôt de leur briser les vertèbres du cou.

La dissection. Souvent, le prédateur déchire d'abord le bas du ventre, la partie la plus tendre, ensuite il s'attaque aux os. Il laisse la peau à d'autres espèces de charognards.

L'ingestion. Le prédateur mange d'abord les entrailles, ensuite les muscles. La faim n'est pas une motivation qui stimule les séquences. C'est le mouvement qui stimule la prédation. Lorsqu'un animal exprime une ou plusieurs séquences comportementales de prédation, il optera pour le repas chaud, mais, s'il n'a pas faim, il ne mangera pas. Ces comportements s'apparentent alors à un jeu. Le chat joue avec la balle de laine. L'orque, après avoir dévoré quatre phoques, joue avec un cinquième, une fois qu'il est mort.

Revenons maintenant à notre nouvel ami, le chien, qui n'est ni prédateur ni carnivore, puisqu'il pourrait très bien s'accommoder d'un régime végétarien. Contrairement au loup, le chien n'exprime pas nécessairement les séquences comportementales de prédation dans un ordre préétabli, jusqu'à la fin. Par exemple, un loup regarde un mouton. Si celui-ci reste immobile, il ne déclenche pas le réflexe de la course chez le loup, puisque c'est le mouvement de la proie qui stimule la chasse du prédateur. Mais si le mouton s'enfuit, il entraînera le loup dans sa course, et la course stimulera la morsure, et ainsi de suite, dans un ordre strict. Un jour, j'ai vu une meute de loups captifs rassemblés devant un veau mort-né apporté par un fermier. Il n'y avait pas de sang, le veau semblait dormir. Parce qu'il n'y avait pas eu les séquences précédentes, les loups ne savaient pas comment ingérer le veau. La dissection doit être précédée par une morsure, or il n'y avait pas eu morsure. Il a donc fallu qu'on éventre le veau pour simuler la dissection, ensuite les loups ont pu manger.

Ce que nous enseignent ces particularités, c'est qu'un animal immobile n'est pas une proie. Il n'intéresse pas le prédateur. Avis à tous les éleveurs de moutons : laissez les chiens à la maison et produisez une lignée de moutons qui auront comme nouveau réflexe de défense, à la vue d'un loup, de se figer au lieu de fuir. Succès garanti. Si les moutons s'immobilisent, les loups ne peuvent pas les poursuivre et donc ne peuvent pas les mordre. Génial, non ? Par contre, vous devrez peut-être transporter les moutons un à un dans vos bras dans la bergerie, car ils risquent de se figer aussi en votre présence. Bon, ici s'arrête ma proposition : j'ai compris que rien n'est parfait…

Certains chiens n'expriment aucune séquence comportementale de prédation. Ils sont capables de regarder des enfants courir ou un chat passer sans réagir. Par exemple les chiens de chasse. La plupart des border colleys expriment seulement les deux premières séquences, le regard et la course. Ces deux séquences sont génétiquement sélectionnées et hypertrophiées, parce qu'elles sont désirables pour le travail qui consiste à rapporter la proie. Les chiens de chasse ont ces séquences : regarder, courir et attraper. Mais ils vont saisir la proie doucement, sans la secouer. D'autres chiens vont démontrer les quatre premières séquences, et, malheureusement, certaines mauvaises lignées de chiens, mises entre de mauvaises mains, vont exprimer les cinq premières, et peut-être plus.

Il existe des éleveurs consciencieux qui sélectionnent correctement leurs géniteurs et c'est tant mieux. Évidemment, si vous travaillez à contrat pour la ville de New York dans le but de la dépeupler de ses millions de rats, il ne faudrait pas que les chiens que vous reproduisiez se retrouvent dans une famille avec de jeunes enfants qui crient en courant après leur toutou pour lui faire un câlin. Personne ne voudrait d'un chien prédateur dans sa maison.

Heureusement, le chien ne se nourrit pas de ses proies. À la chasse aux lapins, il préfère vider les poubelles, manger les grenouilles écrasées et les restes de lasagne, mais une morsure est une morsure. Si votre animal a des microréflexes qui vous indiquent cette intention, n'attendez pas avant d'agir : retenez l'enfant qui s'approche innocemment et inscrivez-vous en toute hâte à une formation spécialisée avec votre animal.

Pourquoi cette grande différence entre les races et les sujets ? Pourquoi certains chiens expriment-ils fortement la prédation, et d'autres, peu ou pas du tout ? Cela est imputable à la génétique, d'abord, puis à l'apprentissage.

Les réflexes d'ordre génétique

Tous les chiens ont un génotype[17] commun et exprimeront certains comportements distinctifs s'ils en ont l'occasion. Pour que ces comportements s'expriment, un déclencheur est nécessaire, c'est-à-dire une hormone qui dit au chien : « Dès d'aujourd'hui, tu as la possibilité d'exprimer ces comportements. » Par contre, un inhibiteur empêche l'expression de ce même comportement. Nous pouvons facilement comprendre ce concept en imaginant le déclencheur comme un commutateur : la production d'une hormone allume la lumière ou l'éteint. L'hormone stimulante déclenchera un certain comportement à un moment précis de la vie de l'animal. La reproduction en est un bon exemple. Chez la femelle, l'œstrus[18] occasionne une grande production d'hormones qui stimulent la reproduction. Puis, après une vingtaine de jours, une nouvelle phase du cycle œstral stoppe le rut.

Si l'indisponibilité d'un mâle empêche la femelle de s'accoupler, la séquence comportementale de reproduction va en rester là. Par contre, une mauvaise génétique chez certains sujets peut laisser la phase de reproduction s'exprimer quand même et l'on se retrouve alors avec des chiennes qui simulent une grossesse sans avoir été fécondées. Elles se mettent à allaiter et à protéger une peluche ou une chaussure. Il faut bien comprendre ici que ce ne sont pas les comportements qui sont génétiques, mais le moment où les déclencheurs stimuleront leur manifestation.

Une femelle en chaleur stimulera le rut chez le mâle. Les comportements qui incitent le mâle à s'accoupler sont, eux, appris. D'ailleurs, un jeune mâle sans expérience peut essayer de saillir la femelle par la tête. Par la méthode des essais et des erreurs, il apprendra les rudiments de l'accouplement. Dans plusieurs ouvrages scientifiques, les déclencheurs et les inhibiteurs sont appelés « onsets » et « offsets ».

Voici deux types de chiens avec onsets et offsets différents.

1. **Chien qui a un taux d'excitabilité bas.** Ce type de chien bave même en dormant. Il faut souvent le pousser avec la porte quand on veut entrer dans la pièce où il dort. Il regarde une

balle passer sans réagir et ne connaît que deux façons de se mouvoir : le pas lent et le pas moyennement lent. Ce type de chien peut être de différentes races et formats. Il s'agit de chiens « zen » qui nous apprennent essentiellement à ne rien faire. C'est généralement mauvais pour l'embonpoint du maître.

Si votre animal fait partie de cette catégorie, sachez qu'il a un onset de prédation tardif, c'est-à-dire que, au moment où s'exprime le gène de la prédation, le chiot a déjà vingt-quatre semaines (environ six mois). Or, sa période de socialisation est terminée et plus de 95 % de ses neurones sont déjà bien connectés, donc la prédation ne fera jamais partie de son répertoire comportemental. Le chien ne saura pas comment exprimer ce comportement ni comment l'interpréter. C'est un peu comme s'il n'avait pas ce logiciel sur son disque dur. Voilà pourquoi ce type de chien regarde passer les chats sans rien faire.

2. **Chien qui a un taux d'excitabilité élevé.** Ce chien dort debout, les yeux ouverts. Il est actif et rien ne passe inaperçu sous son nez. Il rapporte la balle jusqu'à ce que le maître souffre d'une tendinite. Souvent bruyant et sauteur, ce chien ne laisse pas les visiteurs entrer facilement chez vous. Ici, l'embonpoint du maître est plutôt rare. Et si par malheur le voisin a un chat, on remarque la musculature prédominante du bras droit du maître et une irritation fréquente de ses cordes vocales. Dans certains cas extrêmes s'ensuit une mutation auditive sélective du propri-ami ou, tout simplement, la disparition du chat.

Ce type de chien est facile à reconnaître : dès l'âge de cinq semaines, il est déjà en train de courir après vos pantoufles, il secoue vos chiffons et assassine joyeusement la poupée Barbie des enfants. Ce type de chien a un onset de prédation hâtif et ce comportement s'exprime dès son plus jeune âge, durant la période de socialisation, et fera donc partie de son répertoire comportemental toute sa vie durant. Ces comportements, parce que renforcés, stimulés et répétés, vont s'exprimer de plus en plus. Une fois mise en marche, cette machine ne peut plus s'arrêter. Les séquences comportementales de prédation n'ont pas besoin de récompenses pour se répéter. Le seul fait de les exprimer stimule la sécrétion de toutes les hormones de plaisir de l'animal. Une fois la première séquence exprimée – le regard –, l'animal entre dans une sorte d'état second qui l'incite à passer à la seconde séquence – la course –, et ainsi de suite.

Pour corriger le tout, il faut agir dès que vous accueillez votre animal, avant que cette escalade prenne forme. Une fois le mécanisme mis en marche, il est trop tard. Vous pourrez le punir tant que vous voudrez, il repartira la prochaine fois, et encore, et encore.

La différence majeure entre ces deux types de chiens tient au moment où le onset de prédation s'active : à vingt-quatre semaines pour le premier chien ; à six semaines pour l'autre. Cette différence a un impact énorme, parce que la période de socialisation et d'imprégnation du chien est de quatre mois (seize semaines), et tous les comportements exprimés et renforcés durant cette période le seront durant toute la vie du chien. Le chien a un bagage génétique bien défini, mais seul l'environnement donne l'occasion à ces comportements génétiques de s'exprimer.

La génétique, on le voit, joue un très grand rôle dans le comportement du chien. C'est elle qui dicte le potentiel de réaction d'une foule de comportements. Ce qu'il faut savoir, c'est que, si l'environnement ne permet pas au chien d'exprimer ses comportements de prédation, ceux-ci resteront endormis.

J'ai travaillé avec un tigre qui n'exprimait aucun comportement de prédation. Captif, cet animal n'a pas disposé, durant sa période de socialisation (quand son onset de prédation est arrivé), d'un environnement lui permettant d'exprimer ses comportements de prédation. Ils sont donc restés endormis.

Il est impossible de contrôler la génétique de notre chien, mais le propri-ami peut décider de stimuler ou non l'expression de chacun de ses comportements. Personne ne désire un chien qui exprime des comportements de prédation avec agressivité. Si cela vous amuse de lui taper sur la tête avec un chiffon pour le faire grogner et l'inciter à mordre, vous devez amorcer une remise en question. Mon opinion sur le sujet est d'ailleurs partagée par de nombreux professionnels. Ces réflexes d'australopithèque sont restés ancrés chez plusieurs propriétaires, notamment du genre masculin. Cessez donc aussi de siffler « tchhhekkk ! » chaque fois qu'un écureuil traverse le jardin, pour inciter votre chien à s'élancer comme une fusée, pour ensuite lui taper dessus et vous morfondre en fausses excuses lorsqu'il mord les chevilles de votre petit dernier qui se sauve en pleurant. Lorsque vous encouragez son réflexe génétique de prédation, sachez que le chien l'utilisera dans toutes les circonstances, sans discernement. Vous devrez assumer les conséquences éventuelles de cette mauvaise application comportementale, puisque vous en êtes le seul responsable ! Punir le chien ne servirait à rien : c'est le maître qui doit être réprimandé pour son manque de réalisme et de civisme. « Il avait ça dans ses gènes » n'est pas une réponse acceptable ni une échappatoire. Ouvrez-vous les yeux !

Rappelez-vous que la prédation n'est pas un comportement agressif : c'est un trait génétique qui est apparu pendant l'enfance de votre chiot. Voyons la différence entre la prédation et l'agression.

Un chien qui exprime des comportements de prédation est différent de celui qui exprime des comportements agressifs. Les comportements de prédation ne sont pas diagnostiqués comme des comportements agressifs, même si la mort s'ensuit. Un chien peut, par exemple, accepter n'importe quelle manipulation mais tuer le premier chat venu ; et un autre peut ignorer les chats mais mordre la personne qui tente de le manipuler. La prédation et l'agressivité sont deux choses différentes. Mais soyons francs : si mon enfant se fait mordre, je me fiche bien de savoir si c'est par un chien prédateur ou agressif ! La conséquence est la même, que l'enfant ait été mordu parce qu'il a couru en criant ou parce qu'il a voulu prendre le chien dans ses bras. Une morsure est une morsure. Minimiser les réactions excessives de prédation d'un chien en soutenant qu'elles sont sans danger est irresponsable. Et n'ajoutez pas que vous êtes prêt à en assumer le risque ! Les victimes de votre chien n'ont pas demandé à vivre une telle souffrance, à subir un tel traumatisme. Évitez de les transformer en proies humaines !

Je vais probablement choquer plusieurs maîtres qui essaient encore de me convaincre que l'entraînement d'un chien à la garde, à la protection et aux morsures est un sport qui n'a aucun effet sur les comportements de l'animal. J'ai travaillé avec les meilleurs entraîneurs au monde dans les sports de chiens mordants. Tous ces professionnels m'ont affirmé que ces chiens entraînés ne sont pas des animaux de maison, qu'ils sont utilisés ou mis en circulation pour le travail seulement. Ces chiens ne sont pas agressifs ; ils expriment seulement de la prédation. De ce fait, ils sont davantage prédisposés à mordre un enfant qui court ou un vieillard avec une canne. Ces entraîneurs gardent leurs chiens sous surveillance constante. Il s'agit là d'un sport qui ne doit pas être pratiqué par n'importe qui, n'importe comment. Une grande expérience et une prudence de tous les instants sont de rigueur. Je ne vous souhaite pas ce genre de voisin !

Cette relation humain/canin que vous voulez saine et agréable, vous devrez apprendre à la cultiver et à l'implanter pour vous-même et pour votre entourage. Le mode d'emploi n'existe pas, mais vous pouvez le décoder en observant ce que votre chien fait de bien, et en renforçant ses bons comportements. Il est entre vos mains pour apprendre ce qui convient à votre façon de vivre et à votre personnalité. Déjà, au moment de le choisir, il convient d'ouvrir les yeux et de déterminer le pattern génotypique qu'il a emmagasiné par rapport à celui qui vous conviendrait.

Ironiquement, si vous souhaitez vivre avec un piège à humains à vos côtés, voici la recette parfaite de l'agressivité :

1. Choisir un chiot qui provient d'une lignée qui, génétiquement, a un onset de prédation hâtif. À quatre ou cinq semaines, il doit mordre si on lui agite un chiffon sous le nez.
2. Jusqu'à l'âge de six mois, seul le maître est présent et il stimule quotidiennement les comportements de prédation de son chien, dans une routine bien séquencée.
3. Après six mois, l'obéissance est renforcée, c'est-à-dire que le maître permet au chien d'exprimer la prédation dans un environnement contrôlé.

Bien mélanger ces ingrédients en n'oubliant pas que la période cruciale de socialisation est déjà passée (de la naissance à quatre mois) et que le chien exposé à d'importants stimuli réagit avec agressivité à tout ce qui lui est inconnu. Vous avez alors entre les mains une arme dangereuse.

Il est facile de conclure que c'est au maître de se responsabiliser, mais certains ne seront jamais des propri-amis. Ils ne savent pas que le chien apprend sans discernement. Ils surestiment ses capacités, et leur inconscience provoque les critiques et la peur, même si le chien n'a pas fait de victimes humaines. Le cas échéant, il sera trop tard pour réagir !

Après avoir pris conscience de ces codes qui tiennent lieu de déclencheurs pour le chien, nous allons maintenant tenter de comprendre ce qui fait naître la motivation dans le regard de notre animal. Si l'on veut faire évoluer une relation dans une certaine direction, on doit devenir un peu psychologue et développer une attitude de propri-ami, donc d'enseignant. C'est sans doute cette partie de la relation qui nous donne la plus grande satisfaction, à mesure que l'on constate une progression positive.

Nous devons persévérer dans l'amour. C'est la base de toute nouvelle relation !

Chapitre 3

CETTE AVENTURE CANI-AMOUREUSE... QUI SE DÉVELOPPE

L'homme est le seul animal qui rougisse;
c'est d'ailleurs le seul animal qui ait à rougir de quelque chose.

GEORGE BERNARD SHAW

Ce chapitre sera l'occasion d'en apprendre davantage sur les comportements de nos amis à quatre pattes. Établissons d'abord que, comme l'humain, le chien est un être vivant qui a besoin d'être stimulé pour progresser. Comme nous aussi, sa mémoire lui permet de se souvenir des expériences passées, mais lui le fait par séquence, alors que nous nous rappelons les informations apprises. Pour l'humain comme pour le chien, l'apprentissage est le processus qui permet d'acquérir une nouvelle capacité susceptible d'entraîner une modification du comportement.

Par exemple, si vous apprenez l'espagnol, vous commencerez par mémoriser certains mots de base, et au deuxième cours vous saurez comment saluer convenablement votre professeur. Votre comportement au deuxième cours est modifié par votre apprentissage et par la mise en mémoire de certaines informations. Ces expériences s'additionnent, de sorte qu'une importante somme de connaissances permet d'alimenter le processus de créativité chez l'humain. Chez le chien, cette faculté d'interrelation n'est pas possible. L'apprentissage sera simplement mis en mémoire en association avec un contexte.

Ce n'est pas un hasard si j'aborde les ressemblances et les différences entre le propri-ami et son chien, car ce couple que vous formez est un révélateur. Il nous informe sur certaines caractéristiques communes qui peuvent être partagées et sur d'autres facettes qui ne pourront jamais concorder. Comme deux partenaires mis en contact pour la première fois, il faut être attentif et conciliant tout en demeurant réaliste.

Comme des milliers de personnes, vous avez sans doute un jour croisé un duo humain/canin en vous disant qu'ils se ressemblaient... C'est parfois drôle, mais parfois inquiétant de constater cet effet miroir que le chien ignore. L'humain, par contre, devrait en être conscient. Je m'explique...

Nous aimons les chiens qui ressemblent à des bébés avec leur grosse tête ronde et leurs yeux exorbités. Nous aimons les chiens qui nous font nous sentir importants et en sécurité. Ils remplacent les gardes du corps ou les conjoints infidèles. Les chiens nous amènent à nous sentir bien et nous les choisissons en fonction de l'image sociale qu'ils nous permettent d'acquérir.

Il existe un certain rapport de réciprocité qui permet à chacun de recevoir et de donner, mais ici le propri-ami crée cette réciprocité et il est le seul à en posséder la clé. Si la relation est satisfaisante pour l'humain, empreinte d'étanchéité, elle va durer des années. Sinon, le contexte vous poussera à trouver des solutions ou à mettre fin à la relation.

Ce phénomène relativement nouveau est-il encore contesté par des sceptiques ? Heureusement, je ne suis pas la seule à avancer certaines hypothèses.

Depuis une trentaine d'années, la perception de l'animal a beaucoup changé[19], selon plusieurs éthologistes et conférenciers de renom. D'après Georges-Henri Arenstein[20], psychologue et zoothérapeute, l'animal domestique apporte une réponse affective idéale aux grands anxieux que nous sommes devenus : « Les incertitudes du monde actuel, tant économiques qu'environnementales, génèrent de plus en plus d'insécurité et d'anxiété. Prendre soin d'un animal est une manière socialement acceptable de gérer et combler cette insécurité. » C'est aussi une manière de s'occuper de soi. Du chien ou du maître, qui a le plus besoin d'un massage ? « La projection est une fonction bien connue en psychologie, dit Arenstein. Elle consiste à attribuer à autrui des émotions, des sentiments et des besoins qui nous appartiennent. Par exemple, une personne qui trouve son chien triste est certainement triste elle-même, mais n'en a pas conscience. » Projection, insécurité, besoins. L'animal serait-il un « thérapeute » pour l'homme ? À l'hôpital Laval de Québec, on a constaté que les enfants cancéreux absorbent mieux leurs médicaments en présence d'un chien.

Évidemment, un chien qui ne s'adapte pas aux humeurs de son maître, qui ne sait pas tenir son rôle, risque de subir un certain désintérêt, d'être négligé, voire abandonné. Les humains peuvent devenir inhumains à force d'égocentrisme. Je le déplore !

La motivation passe par l'opportunisme

Le chien est un animal qui a su, au fil des années, profiter des occasions. Passé maître dans l'art d'évaluer les différents stimuli qui l'entourent, pour leur accorder une valeur marchande et faire ses choix en bon gestionnaire, il observe tout et économise ses efforts tout en espérant recevoir le plus possible. Il sait manipuler son environnement et ses calculs sont précis. Il semble toujours se dire : « Comment puis-je tirer le maximum de cette situation en dépensant le moins d'énergie possible ? » Ainsi, le chien attribue un prix, une valeur aux choses qui l'entourent, aux gens, aux animaux, aux événements. Le chien opte toujours, sans exception, pour ce qui lui est le plus profitable. Il ne rate aucune occasion potentiellement fructueuse.

Cette constatation m'amène à vous initier à la comptabilité canine. Oui, je l'affirme, l'éducation d'un chien est un exercice de gestion comptable. Mais il faut en premier lieu connaître la valeur des propositions et en dégager les constantes.

Pour amorcer l'exercice, on doit connaître sa propre valeur pour la comparer à celle que l'animal accorde aux autres stimuli de son milieu. Notre valeur doit se comparer à toutes les autres et rester positive, c'est-à-dire que nous devons lui proposer davantage pour le garder attentif et satisfait à nos côtés. Si notre proposition est négative à ses yeux, il se tournera vers une activité plus attirante, plus « payante ». Il faut décoder et comprendre ce que valent les attractions courantes qu'il rencontre sur sa route et ce qui influencera ses choix, ses comportements. Ce qui a de la valeur attire toutou immédiatement ; ce qui en a moins passe en dernier. Pour stimuler les comportements désirés par le propri-ami, il ne faut pas hésiter à investir un peu plus. Pour les comportements indésirables, l'action inverse s'impose : il faut dévaluer cette action afin de le démotiver à tout jamais.

Pour une meilleure compréhension du principe, il est important de faire abstraction des émotions et de l'anthropomorphisme. Vous devez observer froidement ce qui attire votre chien. Plus votre alliance avec lui est étroite, interdépendante, symbiotique, plus il vous sera difficile de prendre un certain recul. Il faut éviter de s'apitoyer ou d'interpréter à la sauce douce chacune de ses intentions, car cela embrouillerait votre vision et gênerait l'objectivité nécessaire pour répondre à ces questions: En réalité, que dois-je concurrencer pour séduire mon animal adoré? Quelle valeur ai-je aux yeux de mon chien? Pour ce faire, prenez de quoi écrire et dressez une sorte de bilan pour déterminer votre actif et votre passif. Rappelez-vous que la motivation du chien, c'est ce qui lui fait plaisir d'instinct…

Quelques exemples de valeurs canines:

- Obtenir les restes de table = 2000 $
- Courir après le chat du voisin = 2000 $
- Vider les poubelles = 800 $
- Rapporter la balle = 500 $
- Recevoir une récompense = 500 $
- Se faire flatter par moi = 150 $
- Accourir quand je l'appelle = 75 $
- Regarder partout, flâner = 0,00 $
  (il n'y a rien de profitable en vue)
- Aller chez le vétérinaire = -500 $ (il déteste…)
- Accepter la laisse = -500 $
- Rester assis lorsque des visiteurs arrivent = -500 $
- Punition pour avoir désobéi = -750 $

Vous pouvez allonger cette liste en y incluant toutes les activités normales de votre chien.

Dans le but de mieux représenter les valeurs accordées par le chien à chacun de ses comportements, je me suis permis de me mettre à sa place pour faire des équations en tenant compte de la valeur pécuniaire de base. Voici un exemple fictif du bilan financier de Mme Unetelle et de son chien Fido.

A = Fido, **H** = Mme Unetelle, **C** = Chat

1. Fido poursuit le chat du voisin et vous le punissez.
   A (1000 $) + **H** (-750 $) = 250 $
   Comme le plaisir l'emporte, Fido poursuit le chat, bien qu'il risque d'être puni.
2. Fido vide les poubelles en votre absence. Si vous étiez là, il risquerait la punition
   A (800 $) + **H** (-750 $) = 50 $
   Il videra les poubelles, même s'il y a risque de punition.
3. Fido quémande de la nourriture durant vos repas. Vous le caressez pour le faire attendre.
   A (2000 $) + **H** (150 $) = 2150 $
   Il exprimera ses parades et restera tranquille près de la table en adoptant un air triste et irrésistible, car c'est très payant pour lui.
4. Il rapporte la balle dans le parc et vous le flattez lorsqu'il vous la rend.
   A (500 $) + **H** (150 $) = 650 $
   Ce jeu est profitable pour lui tant qu'il n'y a pas d'autres tentations en vue.
5. Variante : Fido rapporte la balle si le chat du voisin est présent.
   A (1000 $) + **H** (500 $) - **C** (2000 $) = -500 $
   Au lieu de ramener la balle, Fido poursuivra le chat même si cela le prive de caresses, car il choisit le plaisir du moment.

6. Il faut aller chez le vétérinaire, alors vous le flattez pour l'encourager. Il aime se faire flatter, mais il déteste le vétérinaire.
   H (150 $) + **A** (-500 $) = -350 $
   Fido continue de détester les visites chez le vétérinaire, même s'il se fait flatter.
7. Au parc, Fido accourt quand vous l'appelez et vous le flattez.
   H (75 $) + **H** (150 $) = 225 $
   Fido regardera partout autour de lui et, s'il n'y a rien qui vaut plus de 225 $, il ira vers son maître. Sinon…
8. Fido va chez le vétérinaire et vous lui donnez une récompense.
   A (-500 $) + **H** (500 $) = 0
   Il accepte la proposition, car il aime la récompense.
9. Fido est puni, parce qu'il vous dérange pendant le repas.
   H (-750 $) + **A** (2000 $) = 1250 $
   Il changera de coin de table et, lorsque vous aurez fini de manger, il reviendra quémander les restes de votre repas.

Maintenant que nous avons compris le processus de la motivation de Fido, pourrions-nous connaître les valeurs que notre chien accorde aux événements qui l'entourent ? À nos calculatrices ! En visualisant les choix de notre chien en fonction de la valeur qu'il accorde aux événements, nous pourrions gérer ses comportements, simplement en ajoutant ou en soustrayant de la valeur à ces mêmes événements.

Quelle est notre valeur ? Que valons-nous aux yeux de notre chien ? Froidement, sans émotions, combien pensons-nous que le chien donnerait pour être à notre côté ? Notre valeur est-elle constamment mise à l'encan ? Devons-nous nous battre contre l'environnement du chien ? S'il n'a rien à faire (si rien dans son environnement n'entre en concurrence avec nous), il viendra si nous l'appelons (+75 $) ou pour se faire flatter (+150 $), mais si un événement qui a plus de valeur se produit (si le chat du voisin apparaît +2000 $), le chien nous faussera compagnie car, dans ce contexte, notre valeur relative sera négative à ses yeux.

Pourquoi tant de propri-amis ont-ils besoin d'une laisse pour garder leur chien près d'eux ? Parce que la laisse empêche le chien de faire d'autres choix. Il est obligé de rester près de son maître. Ce qu'il y a de merveilleux dans toute cette comptabilité, c'est que tous les chiots, sans exception, arrivent à la maison avec un compte en banque impressionnant : un million de dollars pour nous, juste pour l'avoir choisi, juste pour récompenser notre décision de l'adopter.

Les premiers jours, il nous suit partout, reste tout près et pleure si nous le laissons. Ce petit chiot avec son énorme compte en banque nous fait bénéficier de ses largesses, parce qu'il sait qu'il pourra profiter de nombreuses occasions en retour. Hélas ! en quelques mois le chiot attribuera des valeurs plus grandes à d'autres stimuli. Tout deviendra plus intéressant que nous. La routine s'installe et peu à peu le mauvais gestionnaire pourrait devoir recourir au crédit s'il n'apprend pas à faire fructifier son capital. Lorsque les intérêts de notre endettement deviennent inversement proportionnels à l'intérêt que le chiot nous porte, le climat se détériore. L'échéance approche. C'est à ce moment que le propriétaire mal informé et déçu croit nécessaire de punir son chien, de l'attacher, de l'enchaîner, de l'abandonner ou même de l'euthanasier. « C'est un mauvais chien, conclut l'humain incompétent, il ne fait rien de ce que je lui demande... »

Pour éviter la faillite de votre relation, il y a un remède : savoir conserver votre valeur initiale. Vous valez un million de dollars et vous tenez à conserver cette valeur pour toute la durée de votre relation avec votre animal. Utopique? Je ne crois pas. Depuis des années, j'ai compris la leçon et je partage cette connaissance avec des milliers de gens. Lorsque vous connaissez la comptabilité, c'est à vous de faire les équations avant que votre chien les fasse... d'instinct!

Mon chien n'est jamais attaché. Il reste près de moi, parce que je vaux plus cher que tout ce qui l'entoure. Mon chien n'est pas parfait et moi non plus. Mais j'ai su, dès son arrivée à la maison, conditionner une valeur positive à ma présence.

Voici les valeurs que mon chien accorde à son environnement et la gestion comptable que j'ai mise en place pour qu'il conserve ces valeurs tout au long de sa vie.

Premier exemple: Chat du voisin, écureuil, autre chien = 0,00 $.

Le truc: Mon chien a été mis en contact très tôt avec d'autres chiens, tant des chiots calmes que des chiens adultes. Je n'ai jamais stimulé un comportement de prédation chez lui. Autrement dit, je lui ai appris à ignorer les intrus, quels qu'ils soient. Personnellement, je déteste vivre avec un chien qui manifeste de la prédation. Donc, je recherchais une lignée qui a un onset tardif et je ne stimule jamais son côté prédateur.

Deuxième exemple: Le rappel vers moi = 1 000 000 $.

Le truc: Depuis le premier jour, le rappel a été renforcé positivement. Jusqu'à l'âge de quatre mois, mon chien recevait une gâterie (nourriture, balle, caresse) chaque fois qu'il venait vers moi. Ensuite, j'ai renforcé progressivement de façon aléatoire. Aujourd'hui, mon chien a quatorze ans et il vient toujours au premier appel. Il ne reçoit qu'une récompense de temps en temps, mais le rappel a un historique positif. Le comportement est depuis longtemps coulé dans le ciment.

Troisième exemple : Aller chez le vétérinaire, taille des griffes = 0,00 $.

Le truc : Dès la première journée, les manipulations physiques sont monnaie courante. Tous les jours, le chiot est renforcé pour les accepter. Il apprend vite que chaque griffe coupée lui procure un biscuit. Sur la table métallique du vétérinaire, il y a du pâté en tube à lécher. Soyez imaginatif, les associations se font quand le chiot est très jeune.

Si l'on néglige ces détails capitaux, il faudra, durant le toilettage ou les examens de routine, utiliser la contention, et le cercle vicieux (« peur d'avoir peur ») s'établira et déclenchera des réactions agressives. Il est si triste de voir ces petits caniches qui arrivent pour la première fois chez le toiletteur sans renforcement. Ils ont six mois, sont habitués au confort de la maison et tremblent de tout leur corps. L'humain qui, sans remords, décharge son incompétence sur le professionnel en espérant un miracle n'a rien compris à l'approche de renforcement positif de son animal. Mais il est trop tard : à ce moment-là, le mal est fait et vous pouvez dire adieu à votre capital de reconnaissance future.

Quatrième exemple : Utiliser la ration de nourriture comme outil de travail = valeur variable.

Le chien est un estomac sur quatre pattes. Donc, chaque grain de nourriture peut être offert pour un rappel ou un « assis ». La moulée de votre chien devrait être dans vos poches et non dans un bol par terre. Dès l'arrivée du chiot, et jusqu'à l'âge de quatre mois, vous devriez renforcer chacun des comportements désirables du chiot. Par exemple :

1. Il n'a pas sauté sur le visiteur qui entrait.
2. Il n'a pas jappé au son de la sonnette de porte.
3. Il reste près de vous.
4. Il vient quand on l'appelle.
5. Il s'assoit.

Il y a des centaines de comportements à renforcer et ils se transforment en capital à votre nom, en dépôts bancaires qui ajoutent à vos actifs.

Le truc : Ignorez les comportements indésirables et renforcez ceux que vous aimez. Tout animal, y compris l'homme, recommence les comportements appris pour lesquels il a été renforcé. C'est une loi infaillible et incontournable. Je suis récompensé, alors je vais recommencer !

Par contre, le contraire n'est pas toujours vrai. J'aime ça et je suis puni ? Aucune leçon à en tirer ! Un comportement fautif entraîne une punition que l'animal n'associe à rien. La punition est donc inutile, à moins que l'animal fasse le lien concret et précis entre son acte et cette punition. Avez-vous cessé de dépasser les limites de vitesse depuis que vous avez eu une contravention ? Bien sûr que non, et pourquoi ? Parce que, quand nous sommes punis, le cerveau cherche dans l'environnement immédiat des associations à faire pour que, si la situation se reproduit, nous puissions éviter la punition. « J'ai reçu une contravention parce que je roulais trop vite sur le boulevard X. Dorénavant, je vais diminuer ma vitesse seulement sur le boulevard X. » « J'ai reçu une contravention parce que je roulais trop vite à la vue d'un policier. Dorénavant, je vais surveiller la présence de autos de police. » Vous trouvez des solutions pour éviter une autre contravention, mais vous allez rarement vous conformer aux règlements, ou alors pour un très court laps de temps. Le phénomène est identique avec le chien.

Cinquième exemple : Associer et dissocier = valeur positive ou négative.

Le chien grimpe sur le canapé, donc vous le punissez. Il fait une association entre le canapé et votre présence là. Donc, pour éviter une future punition, il évitera de grimper sur le canapé quand vous serez à la maison. Il attendra votre départ pour monter sur le meuble, et il en redescendra dès votre retour. La punition est associée à votre présence, ne cherchez pas plus loin. Le chien ne sait pas autre chose et ne connaît pas la vengeance. Il sait qu'il n'a pas le droit d'adopter ce comportement quand vous êtes là, mais il dissocie la portée de cette obligation si vous êtes absent. Il fait alors ce qu'il trouve amusant. Le punir à votre retour ne servirait à rien. Il n'associerait pas la punition à ce qu'il a fait en votre absence. Il décoderait autre chose et cela risque d'être erroné.

Votre chien vide les poubelles quand vous vous absentez. Mais a-t-il déjà été puni pour avoir vidé les poubelles en votre absence? Non: il a été puni pour avoir vidé les poubelles quand vous y étiez. Votre présence fait donc partie de la punition.

Sixième exemple: Entendre et/ou comprendre le langage humain = aucune valeur.

Je ne vous apprends rien en vous disant que les chiens apprennent par association. Leurs comportements vont se répéter ou non en fonction de la conséquence de l'exécution de ce comportement. Pourtant, plusieurs personnes sont persuadées que leur chien déchiffre le langage de Molière ou de Shakespeare. Elles croient que si on explique cent fois à son chien une demande, il finira par la comprendre.

Voyons cela: xxxxxxx. Si j'écris ces gribouillis plus gros, allons-nous mieux les comprendre? XXXXXXX. Si je les crie plus fort, est-ce que cela les rend plus clairs? Bien sûr que non!

Le chien entend dix fois mieux que nous, mais il comprend cent fois moins. Il existe une différence énorme entre entendre et comprendre. Donc, il est tout simplement inutile de crier. Prenons plutôt le temps de lui montrer ce que nous voulons. S'il ne fait pas ce que nous lui avons demandé, ce n'est pas parce qu'il ne nous a pas entendu.

C'est simplement parce qu'il n'a pas compris, ou que la séquence proposée ne le motive d'aucune façon. Elle n'a peut-être aucun sens, tout simplement. Alors, il faut le lui apprendre.

Combien de fois ai-je rencontré des gens intelligents et sensés qui ont élevé de nombreux enfants d'une façon irréprochable, mais qui, dès l'arrivée d'un chien dans la maison, deviennent complètement gagas. Ils sont désarmés, abattus, désemparés. Voici un exemple véridique où seuls les noms ont été changés…

Mme Beaudoin me consulte parce que son chien Fripon, à l'heure des repas, grimpe sur elle pour manger dans son assiette. Je lui ai demandé ce qu'elle aurait fait si son fils, à l'âge de cinq ans, avait fait la même chose. Ses réponses ?

- Lui trouver autre chose à faire.
- Renforcer cet autre comportement.
- Répéter, répéter.

Mme Beaudoin met donc en place un nouveau scénario : durant les repas, elle donne à Fripon un os à gruger au salon et renforce ainsi le comportement « rester au salon ». Elle l'entraîne en simulant vingt-cinq repas la première journée, vingt la deuxième, quinze la troisième. Le chien attribue maintenant une grande valeur au fait de rester au salon quand les gens sont attablés.

Je crois que l'humain est foncièrement bien intentionné et inventif, mais devant le mur d'incompréhension qu'il rencontre parfois, incarné par un animal poilu, il perd ses moyens. En consultation, je demande toujours au propri-ami ce qu'il a tenté et qui, de toute évidence, n'a pas fonctionné. Souvent, très souvent, l'humain persiste dans une voie en sachant pertinemment qu'elle ne mène nulle part. Ces gens qui refusent d'apprendre de leurs erreurs, n'arrivent pas à passer à la phase suivante : imaginer que leur comportement, s'il était différent, ferait réagir aussi l'animal dans le sens d'un apprentissage renforcé, dans le calme. Le mauvais gestionnaire connaît une méthode et il croit que c'est la seule formule possible. Un peu comme si un charpentier avait un marteau et cinq sortes de vis pour assembler deux pièces. Au lieu de changer d'outil, d'utiliser un tournevis, ou au lieu d'aller acheter des clous, il persiste à employer son marteau avec les vis. C'est illogique et presque enfantin ! Redites-le pour vous en convaincre : il faut le bon outil pour produire un bon résultat.

Septième exemple : Le coup de pied au cul = 0,00 $.

Votre chien de trois ans tire sur la laisse lorsque vous marchez. Il agit ainsi depuis qu'il est petit. Vous donnez des coups sur le collier en disant « au pied ! », mais le chien tire toujours. Il ne comprend pas le sens du geste. Si vous faites la même chose depuis trois ans et que ça ne fonctionne pas, il y a longtemps que vous auriez dû essayer une autre stratégie pour lui inculquer votre message.

Le truc : Renforcer à l'aide de biscuits lorsque le chien marche au même rythme que son maître, sans tirer. L'utilisation du licou d'entraînement est un outil efficace et non violent (Halty, Gentle Leader et autres).

Huitième exemple : Le syndrome de l'*Homo arrêtus* = 0,00 $.

Votre chien jappe toujours excessivement, bien que vous lui criiez de se taire. Cette réaction perdure depuis cinq ans. Vous avez beau vous époumoner, il jappe toujours autant. Mais savez-vous pourquoi il jappe ?

L'humain qui persiste ainsi dans l'erreur oublie totalement de s'inclure dans la cause même du problème. Une espèce qui n'apprend pas de ses erreurs, une espèce qui s'entête à conserver des spécifications qui ne servent plus serait condamnée à mourir dans la nature. Une autre caractéristique surprenante de cette lignée humaine est qu'elle ne sait pas vraiment ce qu'elle veut que son chien fasse. Elle n'a pas clarifié ses attentes : elle veut un chien en peluche ! Ces humains voudraient que le chien cesse de faire des choses indésirables, mais ils ne l'ont pas éduqué en ce sens. Ils n'ont qu'un but : que leur chien arrête. C'est pourquoi nous les surnommons *Homo arrêtus*. Même en sachant que les cris, les colères et les punitions n'ont aucun effet, l'*Homo arrêtus* s'entête à répéter les mêmes comportements. Il veut par exemple que son chien cesse :

- de japper à la porte, alors il lui crie de se taire ;
- de sauter sans arrêt, alors il crie au chien de cesser ce manège ;
- de tirer sur la laisse, alors il tend fermement la laisse en criant « au pied ! » ;
- d'uriner dans la maison, alors il lui met le nez dedans en criant : « C'est dehors qu'on fait ça, espèce de chien malpropre ! » ;
- de prendre la poudre d'escampette, alors il l'attache avec une plus grosse chaîne ;
- de grogner à la vue d'enfants, alors il lui explique qu'il doit être patient avec eux, et blablabla ;
- de courir après le chat du voisin, alors il perd patience et crie : « Vas-y, tue-le une bonne fois pour toutes, qu'on ait la paix ! »

Toutes ces réactions n'ont jamais fonctionné. La preuve en est que le comportement indésirable se répète sans cesse, même si vous répétez vos ordres des millions de fois. La lecture de ces comportements ne signifie pas que votre chien est rebelle ou inapte à apprendre, mais chaque situation nécessitera une intervention avec la méthode de renforcement positif. Le propri-ami a tout intérêt à les connaître pour les appliquer avec succès, comme nous le verrons dans le prochain chapitre. L'acharnement n'est pas la solution.

Il faut apprendre à motiver votre animal pour qu'il fasse avec plaisir ce qui vous fait plaisir. Seul le renforcement positif permet cette transformation. Je vous l'ai dit: la motivation engendre les comportements; gérer les motivations, c'est gérer les comportements. Tant que vous ne participez pas de cette façon à l'éducation de votre animal, il n'aura aucune raison de vous obéir. Il préférera répéter ses comportements, puisque vous ne lui proposez rien de positif en échange de ses efforts. Le renforcement positif, c'est comme une clé de communication qui fonctionne aussi bien avec l'humain qu'avec l'animal... Alors, si vous êtes un *Homo arrêtus,* arrêtez-vous, prenez le temps de faire des observations, puis élaborez une stratégie et répétez-la, séquence par séquence, jusqu'à obtenir un petit succès. Renforcez un bon comportement et il se répétera.

Le propri-ami est le premier gestionnaire comportemental

Nous n'avons pas d'influence sur le bagage génétique de notre chiot. Par contre, nous pouvons influer sur son environnement. Nous possédons les outils nécessaires à la gestion de son milieu de vie et nous pouvons prendre les décisions qui s'imposent. Nous devrions nous considérer comme des gestionnaires et, à ce titre, prendre un certain nombre de décisions dès le départ. En vérité, c'est votre responsabilité de bon propriétaire de chien qui est en jeu.

À chacun son rôle. Sous votre toit, vous êtes le gestionnaire comportemental et votre tâche se décrit à peu près ainsi:

1. Répondre aux besoins physiques de votre chien.
   Cette responsabilité comprend les soins de santé, la nourriture, les exercices. Aujourd'hui, rares sont ceux qui négligent ces

besoins physiques. L'amour des chiens est acquise, mais si vous lisez ces lignes, c'est que vous les aimez ; donc nous n'avons pas besoin de nous attarder sur ce point.

2. Répondre aux besoins affectifs de votre chien.
   L'humain étant imparfait, il évalue ses propres besoins d'affection et considère que son chien a les mêmes. Nous faisons fausse route, très malheureusement, en transférant nos propres besoins d'amour à notre chien. Inutile de le flatter durant des heures en croyant que cette affection comblera ses attentes. Votre chien n'a pas de carences affectives : il veut juste vivre l'instant présent. Peut-il souffrir d'un manque de compagnie, comme nous ? En notre absence, il s'ennuie, il angoisse : c'est qu'il n'a rien de « payant » à faire. Alors on s'efforce d'être avec lui, mais ce n'est pas véritablement ce qu'il lui faut. Il veut du plaisir ! D'où notre surprise et notre incompréhension face à ce chien gâté et ingrat qui fuit, agresse, mord, jappe ou souille la maison en notre absence comme en notre présence. Ce compagnon animal fait partie de votre vie quotidienne, vous lui donnez tout l'amour possible. Mais alors, qu'est-ce qui cloche ? Par ignorance, certaines réactions s'enchaînent chez l'humain incompris par son animal.

- La culpabilité peut s'installer et vous commencez à vous isoler davantage et vous endurez les comportements inopportuns de votre chien, les croyant inévitables. La relation cani-amoureuse va se détériorer jusqu'à ce que l'un des deux demande le divorce ou appelle à l'aide un spécialiste du comportement.
- Vous vous en lavez peut-être les mains et vous accusez la race, le sexe, le signe astrologique ou tout autre facteur externe. Ou vous croyez qu'on vous a mal conseillé. Bref, vous accusez tout et tout le monde, sans vous remettre en question.

- Ou bien vous agissez en consommateur devant un produit défectueux. Vous l'abandonnez ou vous optez pour l'euthanasie, sans retenir la moindre leçon de votre expérience. Vous achetez un nouvel animal. Alors le cercle vicieux recommencera, à moins que vous n'appreniez à gérer les bons comportements.

Ce n'est pas ce modèle de gestionnaire qui fera du maître un humain responsable et du chien un compagnon respecté. Voici plutôt une description des tâches du bon gestionnaire comportemental.

Envers son chien, le propri-ami respectueux se fera un devoir de:

A. Lui faire connaître son nouvel environnement (maison, voiture, enfants, circulation routière, chiens, chats, visiteurs, facteur, etc.) pour ne pas qu'il le craigne et pour éviter ainsi qu'il ne devienne agressif. Il associera une récompense à tous les éléments qui peuvent devenir problématiques, et ce, pour renforcer la confiance du chien et l'amener à y trouver du plaisir. Il faut empêcher la peur de s'installer.

La peur est le premier déterminant qui stimule des réactions agressives. Face à une situation inconnue, le chien peut réagir de trois façons: se figer, fuir ou attaquer, en fonction des expériences passées. Si la fuite éloigne le danger, le chien aura le réflexe de fuir de nouveau. Mais, si la morsure éloigne le danger, il mordra de nouveau.

Prenons l'histoire de Pompon qui, malheureusement, ne tolère pas les enfants. Ses propriétaires ont oublié de lui donner l'occasion de faire cette connexion neurologique durant sa période de socialisation. Alors, des enfants arrivent dans la demeure de Pompon et aimeraient bien le flatter. Pompon se fige un instant, mais les enfants foncent sur lui. Il fuit, mais les enfants le poursuivent. Puis il mord et les enfants s'en vont. Pompon connaît maintenant la façon de faire fuir ce qui le terrorise. Il répond agressivement à une situation qu'il ne peut gérer, car son cerveau ne connaît pas d'autres moyens d'y arriver.

La peur stimule la production d'influx hormonaux au cerveau. L'animal prend à ce moment-là une photo de son environnement. Cette image mentale devient une association avec le sentiment de peur. Cette représentation est aussi reliée à l'outil utilisé pour l'éliminer, la morsure, dans le cas de Pompon. Dans le cerveau de Pompon se trouvent maintenant une image, un sentiment et un outil. Ces trois éléments sont désormais intimement liés, associés. Dorénavant, l'image « enfant » provoquera la peur et la morsure.

B. Le faire travailler à gagner ses privilèges, comme s'asseoir avant de sortir, de manger, de grimper sur le canapé ; votre signal étant requis pour faire un tel geste. Attendre silencieusement dans la voiture avant d'aller au parc. Rester immobile pour qu'on puisse attacher son collier avant la promenade. Se faire brosser avant le biscuit. La liste peut être longue. Le chien n'aime pas plus sauter ou japper que s'asseoir ou donner la patte. Il aime ce qui lui procure un privilège. Tout comportement qui est ou qui a déjà été associé avec du positif devient un événement positif en soi. Le chien aime sauter, par exemple, parce que ce comportement signifie un événement agréable. Il y a association entre le comportement et la conséquence.

Le chien travaille pour ses privilèges, qu'on le veuille ou non. Il gratte à la porte quand il veut entrer ou sortir. Si nous ouvrons la porte, il apprend que gratter entraîne l'ouverture de la porte. Il saute pour se faire flatter. Si nous le flattons, il apprend que sauter entraîne la caresse. C'est de cette façon que chacun des comportements amenant un privilège se répète jour après jour.

En tant que gestionnaire comportemental de notre compagnon canin, nous déciderons dès aujourd'hui quels comportements amèneront des privilèges et quels comportements n'en amèneront pas. Le *assis* donne droit au jardin ou à la promenade ; le *reste* donne droit au bol de nourriture ou aux caresses. Le *jappe* et le *saute* nous font tourner la tête et quitter la pièce immédiatement : notre indifférence à son endroit le dissuadera de recommencer. C'est à nous de décider quelles actions lui procureront quels privilèges. De cette façon, le chien se comportera de la manière désirée par l'humain, et non l'inverse.

Croyez-moi, le chien se fiche éperdument d'avoir à sauter, à japper ou à s'asseoir pour avoir des caresses : il veut des caresses, c'est tout. Il adoptera le comportement qui lui procurera ce privilège et c'est à nous de décider quand et comment. Sans penser nécessairement à notre chien, nous pourrions aisément nommer une dizaine d'événements que les chiens détestent en général :

- Visite chez le vétérinaire.
- Toilettage, nettoyage des oreilles, taille des griffes, brossage.
- Se faire tirer par le collier.
- Se faire manipuler brusquement par des enfants.
- Se faire déranger durant ses repas.
- Se faire déranger quand il dort.
- Se faire enlever son os ou son jouet.
- Rester seul à la maison ou dans la voiture.
- Se faire renifler le derrière par un autre chien.
- Se sentir craintif devant le facteur ou le livreur de journaux.
- Etc.

La première fois qu'un de ces événements se produit, il n'est associé à rien. Notre attitude ou notre manque d'expérience ont laissé ces événements se lier, se cimenter à un comportement associatif contre lequel nous allons devoir nous battre longtemps. La plupart des chiens n'aiment pas ces événements associés à du négatif. Il faut donc être attentif dès le départ en agissant pour renforcer ce qui est bien et pour ignorer ce qui est mal. La conséquence de ne pas donner une signification précise à cet événement sera figée dans son comportement. Nous savons, dès que nous fixons un rendez-vous chez le vétérinaire, que notre chien n'appréciera sans doute pas le thermomètre et la piqûre. Nous avons oublié de prévoir le coup et nous avons délibérément laissé la vie se charger de faire le reste. Le traumatisme s'enregistrera, même si les professionnels ne souhaitent pas encourager cette fixation.

C'est la responsabilité du gestionnaire comportemental d'associer les événements cités plus haut à des événements positifs. Les gourmandises sont un excellent outil à amener chez le toiletteur ou le vétérinaire. S'approcher du chien quand il dort, mange ou gruge son os, c'est positif si l'intention est de lui offrir un morceau de fromage et non pour le déranger ou lui enlever quoi que ce soit. Le laisser seul de façon progressive avec un jouet genre Buster Cube® ou *cong*[21], pour qu'il associe ce jouet magique avec votre absence. Amener le chien, dès le plus jeune âge, à jouer avec ses congénères peut le désensibiliser aux museaux fouineurs et aux odeurs inhabituelles.

Le facteur et les livreurs amènent des événements heureux. À leur arrivée, avant que le chien ait le temps de réagir, nous faisons la fête, rions, chantons et donnons une poignée de biscuits au chien. Pour qu'un événement s'associe avec une émotion, il ne faut qu'une ou deux répétitions. Vétérinaire égale biscuits ; toiletteur égale biscuits ; facteur égale biscuits.

Par contre, la modification d'une émotion mal gérée associée à un événement quelconque demande des centaines d'heures de répétition. Vétérinaire égale douleur; toiletteur égale souffrance; facteur égale frayeur, jappements et agressivité. Vous voyez ici toute l'importance de gérer dès le début d'une nouvelle expérience les associations que tel événement génère, puis fige dans le comportement futur de votre chien.

Êtes-vous un bon gestionnaire comportemental? L'importance de l'observation et de l'entraînement proactif initie votre chien à toutes les expériences nouvelles que vous lui ferez découvrir avec succès. La comptabilité a ses règles, la société a ses lois, et la relation humain/canin doit aussi passer par un encadrement et un conditionnement. Vous devez le savoir, pour ensuite mieux l'appliquer, si vous voulez mériter votre titre enviable de propri-ami.

La gestion du stress en trois temps, trois mouvements

Dès sa première prise de contact avec sa nouvelle famille, le chien vivra sans doute une multitude de situations stressantes. Le meilleur moyen de le rassurer et de l'accompagner dans l'étape de la familiarisation à son nouvel environnement est de garder un œil ouvert sur ses réactions.

Premier temps: les caractéristiques génétiques

Le bagage génétique du chiot, nous le savons, se précise dans les premières semaines de sa vie. Un bel exercice à faire est d'observer le comportement des parents, puisqu'il nous indiquera ses tendances. Japper, c'est normal, mais il est anormal que le chien jappe durant cinq minutes après votre arrivée. Être excité quand vous arrivez, c'est normal, mais si le chien met plus de dix minutes à se calmer une fois que vous êtes assis au salon, ce n'est pas normal. Un chien stressé halète, bouge sans arrêt et a les pupilles dilatées. Si les parents de votre chien expriment ces comportements dans une situation et un environnement calmes, ce n'est pas normal.

Une mère agressive et stressée a beaucoup plus de risques de transmettre ces caractéristiques à sa progéniture qu'une mère calme. Les parents donnent chacun la moitié de leurs gènes à leur rejeton et ensuite tout se concocte de façon aléatoire. Oubliez donc les fausses croyances comme « même si le père est agressif, la mère donne toujours des chiots gentils », ou « l'héritage du père à ses chiots se situe au niveau de l'apparence, comme la grosse tête ou les grandes oreilles », et autres balivernes. Toutes ces suppositions ne sont pas fondées. En fait, le partage génétique est toujours un coup de dé.

Il importe de choisir les meilleurs parents possibles, ceux qui possèdent les qualités que vous aimeriez que votre chien ait plus tard. Vous pouvez aller jusqu'à exiger certaines garanties de santé relativement aux géniteurs. Une mère en bonne santé physique et mentale peut réduire les risques de problèmes congénitaux. Par exemple, si la mère durant sa gestation a vécu des traumatismes importants, si elle a manqué de protéines, de chaleur, etc., elle risque plus qu'une autre de transmettre ces déséquilibres à ses chiots. Il faut donc prendre en considération l'environnement de la mère et ses conditions de vie durant la grossesse, tout autant que le bagage génétique des deux parents.

L'environnement où les chiots naissent a aussi son importance. Cela peut grandement influencer l'avenir du rejeton. Dès les premières minutes de sa vie, le chiot est en connexion avec ce qu'il y a autour de lui. Les relais neurologiques sont en train de se faire et déjà il apprend ses premières leçons. Les sens se développent rapidement et, en fonction des stimulations reçues, le cerveau du chiot sera plus développé, et celui-ci sera donc potentiellement plus intelligent. Un chiot qui aurait manqué de stimulations serait moins apte à s'adapter aux personnes et serait plus anxieux, plus réactif aux moindres changements.

Il est difficile pour une personne d'apprendre à faire de la bicyclette ou d'apprendre le japonais à quarante ans. Il faut beaucoup de persévérance. Chez le chien aussi, il y a des moments spécifiques dans le développement mental où certains apprentissages sont facilités. Ainsi, on aura du mal à apprendre aux chiens de nouvelles connaissances lorsqu'ils seront plus âgés. Même avec une grande détermination, les résultats ne seront pas nécessairement aussi convaincants. Dès la première semaine, les manipulations physiques sont essentielles. L'éleveur consciencieux manipulera gentiment les chiots en les imprégnant à la présence humaine.

Une fois à la maison, le propri-ami apprend aussi à garder le chiot stimulé physiquement et mentalement. Même s'il est encore un bébé, le chien a besoin de dépenser son énergie : il cherche, gruge, sent partout, mordille et détruit ce qui est à sa portée, juste parce que cela l'occupe. Il a besoin d'être stimulé. Son odorat étant le sens le plus développé, vous pouvez cacher sa nourriture et l'amener à la chercher. Par exemple, mettez son os préféré dans une boîte de carton fermée et offrez-lui le paquet à déballer ; cachez vos clefs avec un biscuit, de sorte que s'il trouve le biscuit il trouve aussi vos clefs. Rapidement, il apprendra que ces jeux recèlent une récompense et il cherchera vos clefs dans le seul but d'avoir son biscuit. Soyez inventif : faites-lui des glaçons géants avec de l'eau et du bouillon de poulet et offrez-lui un *pop sicle* ! Ce sera divertissant et il oubliera de mâchouiller vos objets personnels, vos clôtures de bois, ou de hurler à la lune.

Dès l'âge de cinq semaines, un chiot est en mesure de faire du dépistage mineur. Plus sa matière grise est stimulée, plus il sera attentif et calme. C'est un apprentissage positif qui le suivra toute sa vie.

Deuxième temps : identifier les causes du stress

Le propri-ami a tout intérêt à tenter de comprendre les causes du stress, car c'est la seule façon de pouvoir trouver une solution durable. Lorsque vous passerez des nuits blanches, il sera difficile pour vous et votre famille de gérer la situation. Alors, à quoi réagit donc votre chien ?

- Il craint une attaque par nous ou par un autre chien.
- Il réagit à la violence, à une menace d'agression venant de son environnement.
- Il est bousculé et cela lui déplaît (poussé, tiré, poursuivi, coincé).
- Il réagit à une trop grande attente envers lui (obéissance forcée).
- Il est trop jeune pour faire ce que vous lui demandez.
- Il a faim ou soif.
- Il a envie de se soulager, mais ne peut le faire.
- Il a trop froid ou trop chaud.
- Il souffre, il a mal (douleur passagère ou maladie).
- Il entend un bruit irritant, strident.
- Il est laissé seul durant de longues périodes.
- Il réagit à une situation de peur ; il sent une menace subite.
- Il réagit à l'excitation par le jeu, la bagarre amicale.
- Il reste toujours excité et ne peut se relaxer (comme des enfants qui ne se calment pas).
- Il est en proie à un changement d'environnement (comme un déménagement).

Certaines de ces situations provoquent un stress léger, d'autres un stress moyen, et parfois un stress important. Avec un peu d'attention, vous arriverez à savoir si votre compagnon risque l'infarctus ou s'il s'adaptera progressivement à la tension qui le perturbe.

Comment reconnaître le niveau de stress ?

- Le chien est très excité et le reste pendant des heures.
- Il réagit fortement à un incident banal, comme le simple bruit des casseroles.
- Il émet des signaux d'apaisement (se gratter, bâiller) qui trahissent son anxiété.
- Il se mordille.
- Il a des diarrhées, perd l'appétit ou mange trop et sans arrêt.
- Il a les muscles constamment tendus.
- Il présente des symptômes de frissons (*shaking*).
- Il a un regard étrange, changeant.
- Il court après sa queue, répète souvent les mêmes mouvements.
- Il a des pellicules.
- Il ne peut se concentrer sur les choses normales.
- Il développe des allergies.
- Il se comporte avec agressivité dans des situations précises.

Il y a toute une gamme de réactions à expérimenter afin de réduire le niveau de stress que votre chien subit sans pouvoir l'exprimer.

- Changez son environnement et observez ses nouveaux comportements.
- Utilisez des méthodes positives et stimulez sa confiance par l'entraînement renforcé.
- Apprenez à décoder et à utiliser les signaux d'harmonie (*calming signals*).
- Évitez de forcer le chien ; stabilisez sa zone de confort sans le comparer.

- Proscrivez les exercices de type *shutzun*, de protection ou de prédation.
- Trouvez des stimuli qui renforceront sa confiance.

Lorsque le chien réagit positivement, vous voyez son excitation diminuer et les signes d'apaisement sont des indicateurs : les *on* et les *off* ajoutent de la compréhension afin de décoder les causes exactes de son agitation. Si vous arrivez à devenir un agent calmant, votre intervention pourra peu à peu désamorcer l'état d'excitation injustifié. Plusieurs facteurs méritent alors d'être analysés. De quoi a-t-il peur ? Est-ce une question d'environnement ? Est-ce un problème plus profondément ancré dans ses gènes ?

Votre chiot ou votre chien souffre peut-être d'une phobie, une peur incontrôlable envers quelque chose qu'il faut identifier. Cela paraît invraisemblable, mais j'ai vu un labrador paniquer en présence d'une abeille ; un greyhound qui ne supportait pas de marcher sur du linoléum ; un grand danois qui tremblait devant le caniche de la voisine. Dans ces trois cas, les indicateurs de stress étaient intenses et les chiens perdaient tous leurs repères.

Selon la croyance populaire, chaque chien aurait ses peurs. C'est assez logique, puisque le chien réagit fortement à son réflexe de survie. En effet, depuis des millénaires, seuls les chiens prudents survivent. Face à une menace, le chien brave sait qu'il peut mourir. Les réflexes de base (se figer, fuir, attaquer) vont alors apparaître une première fois. Si le stress ne disparaît pas, la peur s'ancrera et se figera comme comportement. C'est là que la peur devient son problème, et aussi le vôtre, par conséquent.

Troisième temps : désamorcer la peur

La peur devient un problème quand elle cause trop de stress à l'animal en l'empêchant de vivre normalement, de jouer, de dormir, de manger, d'apprécier sa vie. Il existe plusieurs façons d'intervenir et la recette qui vous permettra de gérer cette source d'anxiété sera unique, car applicable dans votre situation précise.

Essayez d'abord la désensibilisation graduelle, ou le contre-conditionnement, afin de revenir à une bonne relation avec votre animal dans un environnement sécurisant. Cette phase peut demander un certain temps et ressembler à une régression dans son apprentissage, mais elle est essentielle à une reprise de contrôle. Face à l'élément qui engendre la peur, renforcez avec une récompense[22], jusqu'à ce que le chien oublie sa peur. Lorsqu'il pourra subir l'épreuve sans réagir, sa peur aura disparu et le stress sera chose du passé.

Soyons honnêtes : j'ai corrigé la peur du linoléum en une séance. Par contre, la peur du tonnerre n'a jamais été oubliée complètement, parce que je ne peux pas contrôler l'environnement naturel. L'orage est le fruit du climat, et je ne peux rendre Dame Nature complètement sécuritaire.

Dans le cas d'une peur excessive qui tourne en agression, il serait pertinent de faire subir au chien un test de dépistage de la glande thyroïde et un examen de parasites. Les causes sont peut-être internes et non externes.

Lorsque ces informations vous parviennent, vous pouvez au moins savoir que ce n'est pas la relation de confiance avec votre chien qui est en cause. Certains essaient la punition pour faire cesser le comportement problématique. C'est une erreur, selon moi. Si vous ajoutez de la pression à son stress ou à sa phobie, vous réduisez ses chances de s'en sortir. Sa peur pourrait se retourner aussi contre vous. La zone de peurs s'agrandira. Crier après l'animal, le forcer à rester dans son coin ne règle rien.

Le chien jappe en réaction à quelque chose qui l'effraie. Il ne s'arrêtera pas tant que ce *on* restera ouvert. Le propri-ami doit trouver une façon d'interagir pour mettre ce comportement à *off.* J'utilise parfois un mot joyeux, comme « youpi ! », pour créer un nouvel intérêt chez le chien, et je renforce le youpi lorsque je vois réapparaître le *on* de la phobie. Il a été récompensé pour exprimer sa joie, jusqu'à ce que sa réaction de peur disparaisse. Il vous faut simplement apprendre à devenir un peu comédien. Le chien marchera dans votre jeu et sa désensibilisation sera parfaite.

Dans la boîte à outils des psychologues canins, la nourriture est très utilisée et vraiment efficace. Rien ne combat le stress comme la possibilité de manger. Pour qu'un chien soit stressé au point de ne plus manger, il faut quasiment qu'il soit au bout de son énergie. Devant une frayeur intense, faites l'association stress = bouffe, puis bouffe = calme, afin de mettre systématiquement cette peur à *off*.

Comment le désensibiliser? Quand le chien commence à montrer des signes de stress, éloignez-vous de la source de sa peur, et aussitôt que la distance est suffisante, demandez un contact des yeux, une reconnexion avec vous. Quelle est la bonne distance? Quelle est la récompense? Un biscuit ou un poulet rôti? En fait, à chacun de faire son choix. Le plus important, c'est que vous transmettiez à votre animal un sentiment de confiance et non la peur. Le chien décode vos micromouvements et il sent votre propre stress. Il vous observe et si vous dites « youpi » de la bonne façon, avec de nombreux biscuits, il sautera sur ces gâteries.

Les étapes sont simples, en somme:

1. Identifiez la peur.
2. Évitez ce qui lui fait peur.
3. Trouvez une façon de le faire relaxer (bouffe ou mot conditionné).
4. Ne bougez pas tant qu'il n'est pas calmé.
5. N'allez pas trop rapidement: le mécanisme est axé sur la répétition.

Vous avez d'abord avantage à montrer à votre animal qu'il peut avoir confiance. Vous êtes là pour le protéger et c'est réellement votre responsabilité, même si l'ennemie n'est qu'une abeille. Votre calme entraînera une réaction instinctive chez lui.

Dans la gamme de ses comportements fixes, le *assis,* par exemple, s'est ancré parce que vous l'avez associé à un renforcement positif. Vous utilisez la même méthode pour ces comportements de désensibilisation au stress. Le chien oublie de se focaliser sur sa peur ; le nouveau stimulus prend toute la place ; la répétition fait se figer ce comportement ; l'anxiété tombe à *off.*

Lorsqu'on veut prendre le contrôle d'une situation, il faut parfois s'octroyer un temps d'arrêt. L'observation des comportements peut parfois nous sembler ambiguë. Voyons comment interpréter cet exemple : un chiot mord sa mère et la mère s'éloigne. Le chiot est-il en train de dominer sa mère ? Pas réellement. La mère s'éloigne parce que ignorer un mauvais comportement, c'est l'inciter à disparaître. Elle crée un *time-out* éducatif, et c'est très efficace comme leçon.

Faut-il rappeler à quel point certains apprentissages humains s'ancrent et contribuent à une évolution concrète ? Par exemple, si nous entendons une information, nous en retiendrons 10 % ; si on nous montre une notion nouvelle, nous l'assimilerons à 35 % ; mais si on nous implique dans l'apprentissage, nous en assimilerons facilement 50 %, voire davantage. Il n'y a ensuite qu'à mettre en pratique plusieurs fois cet apprentissage pour obtenir un 100 % de rétention. Si l'humain pouvait apprendre comment son chien fige ses connaissances, la vie de tous serait beaucoup plus agréable !

L'une des énigmes qui hantent les propri-amis a trait au décodage des jappements de leur animal. C'est un langage si personnalisé que j'en apprends constamment sur le sujet, après des années d'écoute attentive. Voici mes constatations :

1. Le jappement pour demander de l'attention.
   Le message du chien est : s'il vous plaît, occupez-vous de moi ! Le jappement est aigu, avec des pauses qui permettent au chien de voir si sa stratégie fonctionne ou non. Il jappe, s'arrête, tourne, bouge et jappe de nouveau, jusqu'à ce que vous le regardiez.
2. Le jappement offensif.
   Le message du chien est : va-t'en d'ici, c'est un ordre ! Maintenant ! Le jappement commence d'une tonalité moyenne, souvent précédé d'un grognement sec qui suit une escalade, un crescendo qui s'amplifie en une grande intensité. C'est une bombe intense, mais courte. Le jappement défensif est souvent plus aigu, mais ce sont les signaux du corps qui déterminent si le chien est en mode offensif ou défensif.
3. Le jappement d'un chien sous-employé.
   Le message du chien est : je m'ennuie à mort, je jappe pour m'occuper, pour passer le temps. Le jappement compulsif peut être relié à une situation précise. Le chien jappe toujours au même rythme. C'est une séquence qui s'apparente à une chanson. Il s'arrête un certain temps, puis recommence. Parfois, comme pour dramatiser, il hurle. Cette habitude est souvent liée à l'anxiété de séparation. Le son est frénétique et très aigu. Le corps exprime aussi des signes d'ennui : l'animal se gratte, tourne en rond, etc.
4. Le jappement d'excitation.
   Le message du chien est : faut-il avoir une raison pour japper ? J'ai juste du plaisir ; je m'amuse ! Le jappement joue sur les hautes fréquences, il est saccadé comme des cris d'enfants. Le chien bouge, il s'anime face à une situation stimulante. Vous pouvez facilement faire surgir ce jappement heureux dans les exercices de renforcement ou les sorties dans les parcs.

Force est de constater que, chez *Canis familiaris,* le langage est demeuré au stade corporel. Comme l'explique l'éducateur canin Jean Lessard[23], « les moyens d'expression sont les attitudes physiques, les mimiques faciales, la position des oreilles ou de la queue, et ce sont elles qui déterminent encore aujourd'hui la nature des interrelations. Quelques sons (aboiements, jappements, hurlements, etc.) font aussi partie du "dictionnaire canin", ce qui améliore la clarté des messages émis et permet d'éviter tout quiproquo ». Pour le reste, votre sens de l'observation est essentiel à l'établissement d'une communication basée sur le plaisir et exempte de stress.

Toutes les informations sont utiles pour apprendre à connaître et à faire progresser votre ami canin. Le chien apprend et, qu'on le veuille ou non, établit des associations et des relations entre un comportement et une source de plaisir. Si vous laissez faire le hasard, il apprendra par lui-même. Il est nettement préférable d'agir pour gérer ses connexions mentales, car cela évitera un certain nombre d'erreurs.

J'ai un ami informaticien. Selon lui, une bonne programmation de base et un entretien régulier des données constituent la recette pour prévenir et éliminer les virus de votre ordinateur. Je trouve l'analogie plutôt intéressante. Nous verrons, dans les pages qui suivent, comment reprogrammer les mauvaises connexions et développer des comportements sains. Si l'on veut que la passion se développe, que la relation cani-amoureuse se fidélise, il faut absolument que l'humain possède de bons outils et qu'il sache quand et comment les utiliser.

Chapitre 4

CETTE AVENTURE CANI-AMOUREUSE... QUI SE FIDÉLISE

Être fidèle, c'est, bien souvent, enchaîner l'autre.

SACHA GUITRY

Notre nouvel ami ne demande qu'une chose: être bien traité. Un propri-ami heureux est un humain généreux! Reconnaissant ici son opportunisme et son intérêt pour le plaisir de l'instant, votre animal observe avec attention ce que vous vous apprêtez à lui proposer: l'entraînement. Et ce sera une aventure qui vous rapprochera, croyez-moi. Parce qu'il faut être particulièrement attentionné pour aborder cette étape de la vie à deux, la période d'apprentissage en est une de grande communication. Encore faut-il trouver la meilleure façon d'éduquer le chien sans le perturber, dans la compréhension et le respect de ce qu'il est.

Alors, après des années de méthodes dures et de dressage dans la contrainte, l'heure est maintenant à la psychodynamique canine. Êtes-vous prêt pour l'entraînement au clicker ? Ouvrez grand les yeux, car nous entrons dans le XXIe siècle, celui de la cohabitation pacifique.

Depuis le début de cet ouvrage, nous avons appris d'où vient le chien, ce qui l'intéresse, ce qui le stimule à apprendre et comment son ordinateur de bord comptabilise les plaisirs en les associant à des comportements précis. Les propri-amis connaissent maintenant deux qualités essentielles pour réussir l'harmonisation des relations :

1. Le sens de l'observation pour décoder les micromouvements révélateurs des émotions du chien, de ce qui l'intéresse et le stimule.
2. La patience nécessaire pour récompenser assidûment les bons comportements et ignorer les indésirables.

J'ose vous faire une suggestion, à cette étape : la tenue d'un journal de bord peut s'avérer intéressante, surtout si le maître veut éventuellement faire participer d'autres membres de sa famille à l'évolution de l'animal. Il peut s'agir d'un album de photos auquel on ajoute les événements importants des différents stades de son évolution. Faire la liste de tout ce que le chien aime et déteste au point de se fondre au décor sera à la fois amusant et éducatif.

Devant la popularité du scrapbooking, je souligne qu'il s'agit là d'une activité ludique qui peut permettre l'intégration des enfants et des adultes de votre entourage. Puisqu'ils partagent une même passion pour votre héros canin, faites-les collaborer à cette nouvelle aventure. Et vos observations respectives enrichiront la relation.

Cela dit, un constat est immuable : en fonction des limites de ses capacités, votre chien choisira toujours ce qui vaut une récompense. Cette réalité vous rend plus réaliste. Vous aurez la satisfaction de profiter réellement de ses qualités lorsque ce concept d'attraction ira de soi. Vous devenez sa source de plaisir numéro un.

Dans les pages suivantes, nous allons nous attarder sur la cohabitation au quotidien avec votre compagnon canin et sur l'instantanéité de ses réactions. Évidemment, la période d'entraînement en est une de grande euphorie. Quel outil peut vous permettre de marquer systématiquement tout ce que votre animal fait de bien sans que vous ayez à agir comme un dictateur ? Pour moi qui adore les chiens, la réponse est claire : cette baguette magique, c'est le clicker.

Encore peu connu du grand public, le clicker fait des merveilles en permettant une approche plus contemporaine de l'entraînement. Au fil des ans, l'éducation canine a beaucoup évolué, vous le constatez sans doute. Voyons d'abord comment le dressage est devenu un jeu éducatif où la psychologie animale est omniprésente.

Évolution des méthodes d'entraînement

Compagnon de chasse et gardien des lieux, le chien est passé, depuis 4000 ans, de l'état de serviteur au statut de compagnon. Dans nombre de familles, le chien est indissociable de la vie quotidienne et il partage avec les humains des émotions, des activités, des événements marquants. L'idée même de s'en séparer cause une peine immédiate. Mais pour être pleinement appréciée, la cohabitation doit obéir à un certain nombre de règles de communication qui rendent les relations harmonieuses.

Dans le *Guide pratique du chien de sport et d'utilité*[24], on apprend que dans la première moitié du xxe siècle, on confia plusieurs missions d'espionnage à des chiens, pendant les guerres. Lorsque la paix mit fin à ces exploits parfois spectaculaires, de nombreux maîtres-chiens se retrouvèrent sans emploi. On eut alors l'idée d'utiliser les chiens dans la vie civile, puis l'arrivée de la télévision et la réalisation de quelques émissions célèbres entraîneront un mouvement de sympathie sans précédent à l'égard de ce protecteur de la famille, du bon droit et de la morale sociale. Le chien y est présenté comme le meilleur ami de l'homme. Dans le même temps, les centres canins commencent à faire la promotion de certaines méthodes d'élevage et quelques races de chiens connaissent une véritable explosion médiatique. Les entraîneurs cherchent à se faire connaître, se spécialisent dans des méthodes comme la double longe, le double *spike* (collier à branches effilées), le clip à tuyau, le lasso, le lance-pierre, le collier électrique, le bâton électrique, la plate-forme électrique, la garcette, la laisse et le collier étrangleur, l'arrosoir à grande pression, le pincer de l'oreille, le bâton de bambou et le pied. Pour faire accepter au propriétaire le recours à ces techniques, le dresseur jouait beaucoup sur la supériorité mentale de l'homme. Les méthodes reposaient sur l'idée de la domination du chien, en laissant croire au propriétaire que c'était le seul moyen d'obtenir la soumission et le respect de l'animal. Les outils de dressage de cette époque reflétaient cette tendance lourde, pour ne pas dire barbare.

Progressivement, les techniques douces ont été introduites et ont démontré qu'elles sont plus efficaces L'approche actuelle utilise essentiellement le renforcement positif et la motivation par le jeu et la nourriture. L'entraînement au clicker s'est ainsi répandu peu à peu chez les professionnels et, depuis quelques années, les anciennes méthodes de dressage agressives ont perdu leur crédibilité. De nos jours, les approches positives d'entraînement font des miracles tout en respectant l'animal, et la nouvelle psychodynamique repose sur le principe suivant: Enseigner plutôt qu'exiger!

L'apprentissage au clicker

Le clicker est un instrument qui émet un signal tout aussi efficace pour entraîner un dauphin, un chien, une poule, un cheval, un poisson rouge ou un tigre du Bengale. Ce signal unique, une fois associé à une récompense, devient un son conditionné pour lequel l'animal travaillera. L'entraînement au clicker est une technique scientifiquement reconnue pour éduquer l'animal, pour systématiser des comportements en utilisant le renforcement positif. Avec le signal, vous montrez à l'animal le comportement pour lequel il sera récompensé.

Cette technique fut d'abord utilisée par les entraîneurs de mammifères marins, puis ses applications se sont étendues avec succès à presque tous les animaux. Les avantages de cette méthode sont nombreux. Le plus intéressant réside dans le fait que l'utilisateur ne travaille pas contre la volonté de l'animal; il ne le dresse pas, ne lui impose pas un comportement. C'est une approche sans correction. Voyons comment cela se traduit dans la pratique.

Dans le cadre du dressage traditionnel, vous dites à l'animal quoi faire, vous le soumettez par la force ou la contrainte à faire quelque chose. Vous vous débrouillez pour que le comportement se produise, ensuite vous récompensez les bons résultats ou punissez les fautes. Avec l'entraînement au clicker, on se concentre sur le comportement désiré: on le clique à la seconde où il se produit et on récompense l'animal. Le message n'est pas contraignant, mais positivement noté par un son qui devient le signal associé au geste. En utilisant le clicker, vous devez viser à modeler, à systématiser un comportement (*on*), et non à l'éteindre (*off*). Au lieu de crier parce que le chien saute, je le clique quand il est assis et je renforce le modèle de comportement voulu (ici, la position assise), pour qu'il soit long et stable. Le clic *assis* lui devient familier et le chien reste calmement en place quand je le souhaite, en attendant sa récompense.

Tous les animaux comprennent rapidement que le clic annonce quelque chose de bon. L'animal répétera ensuite le comportement qui vous fait cliquer. Éventuellement, le bruit du clicker deviendra encore plus stimulant que la récompense elle-même. Le chien aime le plaisir et le clic signifie : « Oui, tu restes assis et tu auras ta récompense. »

Voici comment vous servir du clicker en quelques règles simples :

- Concentrez-vous sur le comportement désiré.
- Ignorez les comportements indésirables.
- Utilisez une récompense prisée, en petite quantité.
- Ne manipulez pas l'animal physiquement.
- Modelez les parcelles de comportement.
- Cliquez l'intention du comportement, et non après.
- Le son du clic termine le comportement.
- Renforcez après chaque clic.
- Pratiquez la précision du clicker.
- Commencez l'entraînement avec un comportement simple et nouveau.
- Faites des séances courtes.
- Corrigez les mauvais comportements en renforçant les bons.
- Modelez chacun des pas en direction du comportement voulu.
- Aussitôt que vous obtenez une réponse, augmentez vos attentes.
- Si le chien se trompe, ignorez-le et diminuez vos attentes.

Cet apprentissage est en fait une progression de petits comportements, mouvement par mouvement, qui s'enchaîneront pour devenir une façon normale d'agir et de se comporter. Vos attentes doivent donc être au départ minimes, ensuite vous progresserez. Avant de créer le modèle complet, des fragments de ce modèle se succéderont, du premier petit succès jusqu'à la perfection souhaitée. Nous parlons ici de psychodynamique, donc d'un entraînement basé sur l'attrait, la motivation, la satisfaction anticipée en relation avec un mouvement ou un comportement (comme le non-mouvement ou le non-aboiement) souhaité par l'entraîneur ou le propri-ami. Pour mieux comprendre cette approche, voyons quelles sont les règles de la modélisation comportementale avec l'aide du clicker.

1. Progressez en fractionnant un comportement: cela implique de choisir la première séquence et de la systématiser avant de passer à la suivante.
2. Augmentez vos attentes en parcelles, pour que l'animal ait toujours la possibilité d'y arriver.
3. Mettez la fraction du comportement à l'épreuve sur un horaire variable avant de montrer la suivante. Il faut la répéter dans des contextes variés pour fidéliser le comportement.
4. Planifiez d'avance le comportement final et les étapes pour y arriver. Souvent, l'animal ira même plus vite que vous l'aviez prévu.
5. Ne changez pas d'entraîneur durant l'apprentissage d'un comportement.
6. Si un comportement se détériore, retournez à l'étape initiale pour vous assurer de remodeler tout le processus. Une phase n'a peut-être pas été assez consolidée.

Les premiers exercices d'entraînement sont aussi une école de psychologie pour l'humain qui manipule le clicker. La patience, l'observation, la confiance, l'instantanéité et le plaisir d'établir un lien de complicité avec votre animal doivent être présents. Vous formez une équipe, tous les deux ! S'il arrive à faire le lien et à réussir son premier niveau, c'est sur vous que la fierté rejaillira…

Cependant, tout ne se fait pas en criant « clicker ». Il faut prendre le temps de franchir les étapes, une à une. Plus vous irez lentement et plus l'entraînement progressera. Voici les étapes à franchir, sans possibilité de sauter de la maternelle à l'université !

Étape 1

- Connaître les outils complémentaires comme le Target et le leurre[25].
- Savoir choisir le comportement de départ.
- Renforcer en utilisant la récompense.

Cette introduction est un apprentissage pour l'entraîneur débutant. Celui-ci doit amener le chien à exécuter la première parcelle de comportement et la renforcer pour maîtriser l'usage du clicker.

Exemple : Toutou apprend à aller sur son tapis à votre demande.

1. Leurrer le chien jusqu'au tapis à l'aide d'un biscuit.
2. Cliquer lorsqu'il pose les quatre pattes sur son tapis.
3. Donner la récompense.
4. Répéter dix fois.
5. Refaire en ajoutant le mot « tapis ».

Étape 2

- Premier comportement bien établi (tapis).
- Non-renforcement comme stratégie.
- Frustration qui va accroître la motivation.
- Meilleur comportement et satisfaction.
- Renforcement.

Exemple : Toutou va sur son tapis, se couche et y reste à votre demande.

1. Demander « tapis », ne pas cliquer.
2. Par frustration[26], le chien aura un comportement de substitution, comme se coucher ou s'asseoir.
3. Cliquer la parcelle de comportement qui engendre un coucher.
4. Cliquer le fait de rester sur le tapis.
5. Cliquer le « couche » et le « reste ».
6. Le mot « tapis » signifie à la fois « va, couche et reste ».

Étape 3

- L'entraînement s'intensifie afin de mettre le comportement en contrôle de stimulus :

1. Il fait le bon comportement chaque fois.
2. Il le fait seulement si demandé.
3. Il ne fait pas autre chose que ce qu'on lui demande.
4. Il ne le fait pas si on demande autre chose.

Le clicker est un renforcement conditionné que le chien apprend à aimer parce qu'il est associé à des réactions primaires. Pour qu'un renforcement conditionné soit efficace, il doit obligatoirement être :

- disponible au bon moment (instantanéité)
- distinct de tous les autres bruits (son unique)
- identique chaque fois (aucune variation)
- rapide et clair (sans ambiguïté).

Les premiers pas avec le clicker permettent de mesurer la précision de cet outil et d'apprendre à le manipuler avec constance. Il devient intéressant pour les propri-amis de comparer les effets de leur méthode de renforcement et de développer le réflexe « clicker ».

Les caresses

Je n'ai rien contre les caresses, mais elles ne sont pas un moyen de communiquer. Elles témoignent de votre attachement, mais pour le chien ce n'est pas un message. Elles sont un échange d'émotions avec lui, elles représentent des sentiments positifs, comme la compréhension, mais elles ne véhiculent pas nécessairement de l'information positive. Utiliser les caresses comme renforcement primaire peut être un outil d'entraînement si le chien est gardé en enclos et si on le caresse seulement dans le but de renforcer un comportement.

Le clicker ne transmet aucun sentiment positif, mais il marque très clairement une information positive. Il transmet un message. Et c'est ce qui est indispensable à l'entraînement. L'amour n'a rien à y voir.

La voix

L'utilisation de la voix comme renforcement conditionné est beaucoup moins efficace que le clicker, parce qu'elle n'est ni distincte ni rapide. De plus, le ton est extrêmement significatif pour le chien et peut signifier différentes choses, selon notre humeur ou notre fatigue. La constance est presque impossible à obtenir dans la voix humaine, alors que le clicker émet un son clair, égal et court.

Le minutage ou *timing*

La durée du signal est l'une des clés du renforcement positif. Il faut agir en synchronisme avec l'animal en action, ce qui n'a rien de simple au début. Il faut se demander sans arrêt ce qu'on veut renforcer et ce qu'on est actuellement en train de renforcer. Un décalage d'une fraction de seconde peut faire la différence entre le succès et l'échec.

Même si la notion de renforcement signifie qu'elle suit une action, le clicker doit presque la précéder, l'anticiper, dans le sens où il est grandement préférable de cliquer trop tôt que trop tard. Le clicker est si direct et précis qu'un retard peut signifier le renforcement de la fin du comportement et non l'exécution du comportement. Il est préférable de renforcer l'intention plutôt que la fin du comportement.

Par exemple, si le chien va au Target, c'est beaucoup mieux de le cliquer pendant qu'il y va plutôt que lorsqu'il y a touché. Souvent, très souvent, les gens qui ont le réflexe de cliquer trop tard provoquent l'extinction du comportement. Il faut donc reprendre l'entraînement depuis le début à cause d'une fraction de seconde de décalage entre le mouvement souhaité et la fin de ce mouvement.

Une précision de chronomètre

Le clicker est conçu pour donner ce signal précis qui élimine instantanément toute confusion. Son utilisateur doit apprendre à le manipuler pour obtenir les meilleurs résultats possibles. La confiance en soi et une excellente maîtrise de la séquence de comportement qui est en cours de mémorisation aideront le débutant à s'ajuster. Le jeu d'apprentissage est aussi basé sur l'entraînement de l'humain qui, depuis que le monde existe, a su développer ses capacités de manipuler les objets afin d'obtenir les résultats et les performances qu'il juge essentiels. *Homo sapiens sapiens au travail!*

Le clic termine le comportement

La magie du clicker, c'est qu'il marque clairement un comportement voulu. Donc, lorsque le chien entend le clic, le comportement désiré doit avoir été fait, et le clic en marque la fin. Si vous cliquez le chien pour prendre la balle, il le fait, mais ensuite il la laisse tomber pour venir chercher son biscuit. Cela vous déçoit, non? On ne veut pas que le chien laisse tomber la balle. Mais ne vous en faites pas, c'est la première séquence qui va bientôt faire partie du processus complet. Comme on ne doit travailler que sur un comportement à la fois, on doit savoir apprécier la progression sans brûler les étapes.

Clicker II : L'apprentissage des comportements en chaîne

Pour commencer à savourer le plaisir du clicker, il faut réussir un premier apprentissage avec la technique du comportement en chaîne (en anglais: *chain behaviors*). Une chaîne de comportements est une suite de mouvements, appris sur commandement au clicker, qui vous permettent de faire exécuter au chien une chorégraphie comportementale coordonnée.

Prenons notre exemple précédent, alors que l'intention du propri-ami est d'amener son chien à rapporter la balle.

L'enchaînement est le suivant:

a) Attendre que je lance la balle.
b) Courir après la balle.
c) Prendre la balle entre ses dents.

d) Rapporter rapidement la balle.
e) Me donner la balle dans les mains.
f) Obtenir sa récompense.

Une fois enchaînés, ces comportements, que nous appellerons des maillons, forment un seul comportement. Cette chaîne s'appelle *rapporte la balle.*

Conduire une voiture ou faire un gâteau sont des chaînes de comportements. Au début, chaque séquence se décompose en de nombreux gestes qui, une fois bien intégrés, forment une seule activité, faite de petites actions. Vous dites « je fais un gâteau » et toute la mécanique s'enchaîne.

L'ordre dans lequel les différents comportements seront entraînés n'a pas vraiment d'importance. L'ordre dans lequel on va les mettre pour former la chaîne est quant à lui très important.

Au début, dans le comportement *rapporte la balle,* la plupart des gens sont tentés de lancer la balle. Le chien se met à courir, prend la balle, puis la personne se lance à la poursuite du chien pour ravoir la balle. C'est une erreur. Par quel comportement faut-il commencer? La balle entre ses dents, la balle dans vos mains, puis la distance, puis le lancer qui prend de l'ampleur, puis tous les maillons mis ensemble… dans l'ordre le plus progressif possible.

Nous constatons que l'entraînement est parfois plus efficace lorsque les comportements sont intégrés en chaîne renversée (*back chaining behaviors*). Tous les comportements qui sont entraînés au clicker deviennent des renforcements. Par conditionnement classique, le commandement d'un comportement, *assis* par exemple, est associé à un renforcement positif, donc devient par le fait même un renforcement positif qu'on peut utiliser pour renforcer un autre comportement, *donne la patte* par exemple. Pour que ce phénomène classique prenne forme et que les principes de la chaîne de comportements s'opèrent, il suffit de progresser ainsi:

- Décrire la liste des maillons de la chaîne.
- Les numéroter.
- Les entraîner un à un jusqu'au commandement.
- Assembler les maillons de la chaîne en commençant par la fin.

Voici comment intégrer les maillons d'un comportement typique comme celui-ci: **Y** = **A**, **B**, **C**.

A, **B** et **C** sont trois comportements sur commandement et doivent être exécutés dans cet ordre. Éventuellement, **Y** deviendra la chaîne réunissant les gestes **A**, **B** et **C**.

Lors de la mise en chaîne, voici les manipulations du clicker:

- C-clic.
- B-C-clic.
- A-B-C-clic.

C est renforcé par le clic.

B est renforcé par **C** qui est renforcé par le clic.

A est renforcé par **B** qui est renforcé par **C** qui est renforcé par le clic.

Par anticipation, le chien va maintenant exprimer A-B-C pour un seul clic. Évidemment, vous ne devez pas oublier que le clic est toujours suivi d'une récompense pendant la période d'entraînement.

Par conditionnement classique, comment pourrait-on ajouter le commandement Y pour réunir tous les maillons de cette chaîne?

Même si on doit mettre un commandement à chacun des exercices, l'exercice final, qui est une chaîne de comportements, ne doit comporter qu'un seul commandement. Comment faire? Lorsqu'on fait une chaîne, le comportement précédent devient le commandement pour le comportement suivant.

Les comportements qui sont anticipés sont en fait l'extinction du comportement précédent. Le chien qui saute tout de suite après le *rappel* nous signifie que le *assis* déjà entraîné, qui devrait suivre le *rappel,* s'est éteint. Pourquoi? Parce qu'il n'a pas été assez renforcé. On a renforcé seulement le *rappel* et le chien a éteint le *assis.* Donc, on doit retravailler le *assis,* le renforcer pour le réintégrer à la chaîne.

Voyons maintenant comment entraîner un *reste.* Nous travaillerons ici la formule des 3 D: Distance, Durée, Distraction.

Distance: la distance entre l'animal et l'entraîneur.
Durée: le temps que dure le comportement.
Distraction: tout ce qui distrait le chien.

Ces trois critères sont d'une importance capitale dans l'apprentissage d'un comportement. Pris un à un, ils améliorent la compréhension du comportement voulu, augmentent la motivation et diminuent la frustration. Voyons ce petit tableau de la chaîne de commandement du *reste.*

Reste			
Distance		15 pas	
Durée	15 secondes		
Distraction			0

Dans cet exemple, le comportement *reste* sera conditionné à partir du comportement *couché*. Le premier critère sera la durée, donc la distance entre l'entraîneur et le chien sera de quinze pas, et il n'y aura aucune distraction, puisque vous êtes dans votre environnement habituel.

Exercice 1

Si vous souhaitez planifier le conditionnement d'un *saut en hauteur*, comment allez-vous établir la grille des 3 D ?

Saut en hauteur			
Distance			
Durée			
Distraction			

Pouvez-vous caractériser la distance ?
Pouvez-vous situer la durée ?
Pouvez-vous mesurer et contrer la distraction ?

Exercice 2

Pouvez-vous planifier le conditionnement du *silence* quand un étranger sonne à la porte ?

Silence			
Distance			
Durée			
Distraction			

L'apprentissage des techniques d'enchaînement exigera de plus en plus de précision et de séquençage des actions à poser. Mais que faut-il faire si l'animal ne répond pas à un commandement ?

Un mauvais entraîneur rejette d'abord la faute sur l'animal, la race, le sexe, et sera tenté de punir cet animal, parce qu'il sent qu'il perd le contrôle. Il trahit ainsi son incompétence. Mais si l'animal ne répond pas, qui est responsable ? Un entraîneur compétent se remet toujours en question et prend toute la responsabilité pour les comportements de l'animal, les bons comme les mauvais.

Si l'animal ne répond pas à mon commandement, je dois me poser ces questions :

- Sait-il vraiment ce que je demande ? Revoir le conditionnement.
- Ai-je bien évalué les 3 D ? Réviser Distance-Durée-Distraction.
- Pourquoi ferait-il ce que je lui demande ? Motivation à revoir.
- Ce qui suit est-il renforçant ? Renforcement à revoir.

Si vous avez répondu à toutes ces questions, vous êtes sans doute en mesure d'identifier le maillon faible de votre chaîne. Répétez le commandement. Si l'animal ne le fait pas, recommencez à partir du début. Vous ai-je dit qu'il faut une bonne dose de patience ? De l'humilité ? De la persévérance ? Le bon entraîneur ne compte pas ses essais : il apprécie le succès quand il vient !

La stabilisation du « pont » et du « pont intermédiaire » peut devenir une étape intéressante dans l'apprentissage de votre travail d'équipe. Le son du clicker est souvent appelé « pont », puisqu'il sert de lien entre le comportement désiré et le renforcement.

Il existe aussi un « pont intermédiaire » : un son qui indique à l'animal qu'il est sur la bonne voie et que le pont final du clicker s'en vient. Souvent utilisé pour travailler la durée d'un comportement, ce son est un outil efficace de communication.

J'ai choisi le mot *yes* comme mot-clé. C'est un pont intermédiaire (PI) efficace pour trois raisons :

- Ce mot est utilisé rarement chez les francophones.
- Il est facile à prononcer.
- On peut étirer les sssssssssssss.

Pour ma clientèle anglophone, j'utilise le mot *dou* (ouououou), pour les mêmes raisons.

YESssssssssssssssssssssssssssssssssCLIC
DOUouououououououououououCLIC

Le *yes* sert de pont intermédiaire et les « s » qui suivent indiquent à l'animal le temps de l'exercice. Lorsque la durée d'un exercice est allongée, pour éviter des mises à *off*, le recours au PI est très utile. Le PI clarifie la demande en instaurant une durée ; il garde l'animal en situation de communication et de renforcement éventuel.

Une mise en garde s'impose ici. Certains entraîneurs peuvent à l'occasion utiliser le clicker comme PI. Cette décision ne fait pas l'unanimité. Pour ma part, je pense qu'il s'agit d'une erreur. Ils utilisent le clicker de façon terminale et aussi de façon intermédiaire, c'est-à-dire qu'ils vont cliquer sans renforcer. Au milieu d'un comportement en chaîne, ils utilisent le clicker pour stimuler. Si l'on comprend bien les principes du renforcement conditionné, le clicker signifie que ce que l'animal a fait est bien et doit être récompensé. En utilisant le clic sans récompense, on crée de la confusion. Souvent, on cherche ainsi à encourager un chien qui manque de confiance en lui ;

mais encourager ses faiblesses n'entre pas dans mes principes. Je préfère utiliser la voix pour encourager la performance et allonger les durées, et non le clicker. Ce dernier doit rester un signal distinct.

Ceux qui débutent au clicker et qui, par manque d'expérience, n'arrivent pas à leurs fins pourraient être tentés de retourner aux techniques punitives. L'animal deviendrait plus confus, l'entraînement régresserait et, comme les comportements résiduels sont ancrés, il y aurait danger de se perdre.

Si l'on passe d'un entraînement selon les anciennes méthodes à l'approche de renforcement positif du clicker, il est primordial d'y aller petit à petit. Lors de cette transition, il faut vous débarrasser de la laisse et faire confiance aux principes fondamentaux du conditionnement.

Un chien déjà entraîné aux méthodes traditionnelles (renforcement négatif et punition) est souvent confus lors des premières séances d'entraînement au clicker. L'évitement de la correction était sa seule motivation et le chien, par peur, n'engage aucune initiative.

Ici, les règles changent et un chien déjà entraîné se figera fréquemment, ne mangera pas ou fuira par incompréhension. Je suggère de commencer ce nouvel apprentissage en instaurant un comportement nouveau, comme le Target. Sachez que cette confusion n'est que passagère et que, rapidement, vous aurez un animal motivé et heureux.

Votre intention doit apparaître clairement : entraîner une attitude.

Le conditionnement d'une attitude, d'une façon d'être, est plus important que tous les entraînements possibles, mais on l'oublie trop souvent. Si l'animal est dans une condition mentale et physique pour apprendre, il progresse plus facilement et plus rapidement, car le son du clicker devient synonyme de plaisir. Il faut comprendre l'importance de conditionner une foule d'attitudes fondamentales qui vous rendront la vie beaucoup plus agréable. Comment faire cette opération ?

- Cliquez le nom du chien.
- Cliquez l'attention.
- Cliquez toutes ses réactions amicales devant autrui.
- Cliquez son calme.
- Cliquez tous ses regards vers vous.
- Cliquez tous ses *assis* et *couché.*
- Cliquez le lien entre l'animal et vous.
- Cliquez une respiration normale.
- Cliquez la diminution de stress.
- Cliquez sa motivation à rester avec vous.
- Cliquez sa motivation à prioriser le lien avec vous.
- Cliquez sa patience à ne pas être cliqué.
- Cliquez la laisse non tendue.

Lorsque ces premiers entraînements sont acquis et stabilisés dans tous les contextes possibles, vous pouvez envisager des exercices d'entraînement avancés.

- **Détection.** Sport canin qui consiste à apprendre au chien à détecter différentes odeurs. La technique est simple : cacher une friandise et la lui faire trouver, puis augmenter la difficulté en cachant mieux la friandise. Une fois que le chien comprend qu'il doit utiliser son odorat pour trouver la friandise, vous êtes en mesure de lui faire découvrir des associations telles que l'odeur des drogues, des molécules cancéreuses, des moisissures, ou simplement celle de vos clefs. Il suffit de cacher un objet porteur d'odeur avec la friandise. Graduellement, vous pourrez éliminer la friandise pour que le chien recherche d'abord l'odeur, et ensuite il obtiendra sa friandise.

- **Dépistage.** Sport canin qui consiste à utiliser l'odorat du chien pour trouver une personne. Commencer l'exercice sur la pelouse, puisqu'il suffit de briser les brins d'herbe pour en faire sortir la chlorophylle. Semer ensuite des friandises sur le chemin du chien tout en piétinant l'herbe pour qu'il puisse repérer vos traces, votre odeur, votre piste sur la pelouse. Le chien suivra les friandises et les associera à l'odeur de la chlorophylle. Comme au jeu de cache-cache, le chien finira par suivre la piste pour finalement trouver ses friandises et découvrir où vous êtes caché.
- **Rapport.** Il s'agit d'un jeu et aussi d'un apprentissage. Votre chien peut-il rapporter vos pantoufles, le journal ou vos clefs égarées ? Faites du troc avec lui : échangez une friandise pour vos pantoufles. D'abord, vous apprenez au chien à prendre l'objet dans sa gueule, puis à vous le donner contre une friandise. Graduellement, on met l'objet de plus en plus loin pour que le chien le prenne et nous le redonne contre sa gâterie.
- **Assistance.** Votre animal peut devenir votre plus précieux assistant en apprenant par exemple à ouvrir les portes, à tirer un fauteuil roulant, à presser un bouton d'urgence, etc. Ces comportements ne sont pas seulement réservés aux professionnels dans des conditions spécifiques. Votre animal peut très bien devenir apte à vous aider en fonction de vos intentions. Les principes énoncés précédemment sont applicables à toutes sortes de contextes.
- **Compétition d'obéissance.** Le désir de vous mettre à l'épreuve en duo maître/chien vous attire ? Vous pouvez aborder la compétition en vous concentrant sur des entraînements de base. Évi-

demment, cet aspect implique uniquement des chiens de race, enregistrés au Club canin canadien. Structurées et établies depuis des dizaines d'années, ces compétitions visent à reconnaître les performances à partir des comportements de base comme la marche, les assis, coucher, rester, sauter, rapport d'objets, etc. Vous aimez ces défis? Mettez-vous au travail avec votre animal et vos efforts communs seront progressivement récompensés.

- **Fly ball.** Il s'agit d'une compétition d'équipe, dans un contexte amical ou sportif, qui consiste à rapporter une balle sur un parcours comportant plusieurs sauts en hauteur. L'habileté et la rapidité sont essentielles pour réussir ces épreuves.
- **Agilité.** De plus en plus habile, vous pouvez vous mesurer à des parcours spéciaux: sauts, tunnels, palissades, slaloms et autres épreuves. Ce sport est aussi exigeant pour le maître que pour le chien, car il s'agit de franchir les obstacles le plus rapidement possible. Amusant et excellent pour le cardio!
- **Free dance.** Au rythme endiablé de la musique disco, l'homme et le chien forment un couple de *performers*. La chorégraphie la plus originale sera récompensée: danse, sauts, flips et contorsions, tout est permis.
- **Conformation.** Il s'agit d'une compétition axée sur la beauté, pour les chiens enregistrés. Chacun des chiens est soumis à des examens physique et esthétique. L'animal qui incarne le plus parfaitement les critères de sa race gagne le concours.

Hein-hein

Quelques mots d'explication sur cette technique. Ces mots signifient: «Essaie autre chose, change de comportement.» Leur utilisation en réponse à un comportement non désiré a longtemps été controversée.

On les tenait pour une punition conditionnée qui allait à l'encontre des principes d'entraînement au clicker. On rappelle à notre chien, en lui disant « hein-hein », qu'il n'est pas sur la bonne voie.

Personnellement, j'utilise ce son seulement avec un chien qui connaît très bien les règles du clicker. Ce son répétitif indique à l'animal que ce qu'il m'offre ne sera pas renforcé, comme si je lui disais « non-non ». Il doit me donner autre chose. C'est un indicateur de mes attentes, mais je ne l'utilise jamais avec un chien novice. Le chien doit connaître toutes les règles du jeu avant qu'on puisse introduire de nouveaux règlements. Quand l'animal comprend, cet outil est très pratique, principalement si l'on travaille en modelage libre (*free shaping*).

Pour ajouter de la technique dans votre apprentissage du clicker et pour mesurer systématiquement votre progression, voici un tableau qui correspond aux méthodes d'entraînement professionnel. Libre à vous de l'adapter à votre environnement ou de l'adopter tel quel. Les entraîneurs l'utilisent pour comprendre comment les ratios et les intervalles entre les clics ont une influence sur la motivation et sur la précision des comportements.

Horaire de renforcement	**Exemples**	**Réponses Ratio/vitesse**	**Résistance à l'extinction**
Continu	Chaque réponse est renforcée	Réponse lente, mais stable	Résistance faible Extinction rapide
Intervalles fixes	Renforcement fixe Ex. : aux 30 secondes	Réponse lente avec pauses après le renforcement	Résistance faible Extinction rapide
Intervalles variables	Renforcement aux 30 secondes. Mais peut varier	Réponse stable et de longue durée	Résistance très haute Extinction extrêmement faible
Ratio fixe	Renforcement après 3 réponses	Réponse rapide, pause après le renforcement	Résistance faible Extinction rapide
Ratio variable	Renforcement imprévisible	Réponse très rapide et stable	Extrême résistance à l'extinction

Pour conclure ce chapitre sur l'entraînement au clicker, je vous fais part de mon enthousiasme envers cet instrument qui profite autant à l'humain qu'à l'animal. Au cours des dix dernières années, le clicker a fait des merveilles auprès de toutes les races de chiens, de sorte que la vieille école de la domination nous semble maintenant rétrograde.

Si vous cherchez une ressource en entraînement, renseignez-vous sur les méthodes utilisées par l'entraîneur et participez activement aux apprentissages de votre animal. Vous pouvez vous procurer une trousse d'entraînement au clicker[27] dans toutes les bonnes animaleries. Ce petit instrument fait des miracles, sans être magique pour autant. Entre l'état de communication souhaité et l'harmonie, il y a vous et votre désir d'éduquer sans exiger.

Voici le clicker utilisé quotidiennement par l'auteur. Sa simplicité est étonnante ; il agit comme une véritable « baguette magique ». Il existe différents modèles commercialisés, ce qui permet à chaque propri-ami de faire des choix conformes à son budget.

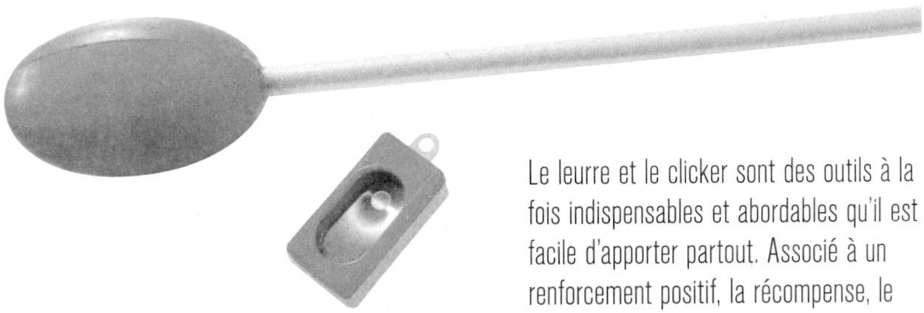

Le leurre et le clicker sont des outils à la fois indispensables et abordables qu'il est facile d'apporter partout. Associé à un renforcement positif, la récompense, le clicker permet de modéliser des chaînes complètes de comportement, étape par étape.

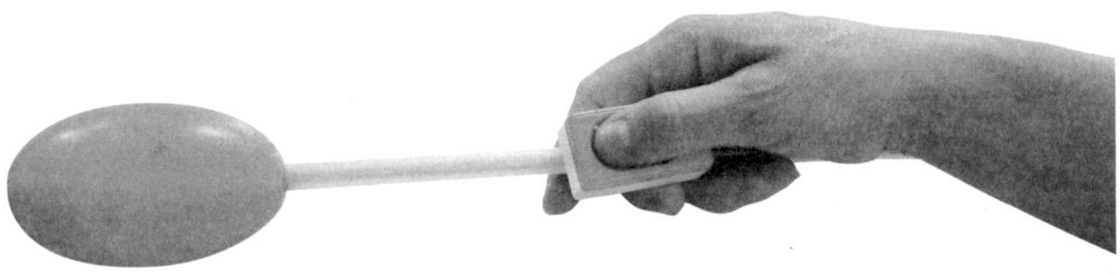

Le pouce déclenche le clic qui deviendra un signal très apprécié du chien. C'est avec cette simple instrumentation que s'amorce une magnifique relation de complicité entre votre animal et vous.

Chapitre 5

CETTE AVENTURE CANI-AMOUREUSE... QUI S'ENRICHIT

Régner, c'est l'art de faire, énigmes délicates,
marcher les chiens debout et l'homme à quatre pattes.

VICTOR HUGO

Au fil des pages précédentes, nous avons fait certains progrès sur le plan des connaissances et nous avons partagé quelques expériences afin de préparer le propri-ami et son compagnon canin à vivre en harmonie. Mais la liste de vos questions est sans doute encore très longue. Chaque couple humain/canin a son histoire et, s'il existait une émission de téléréalité pour nous permettre de visualiser les comportements, nous aurions un auditoire incroyable !

Le contexte de la relation joue un grand rôle dans l'adaptation commune. Vous êtes le responsable de votre environnement et de votre temps. Modifier l'aménagement de certaines pièces et revoir vos horaires de travail sont des éléments qui peuvent vous aider à éprouver une plus grande satisfaction. Lorsque vous arrivez à la maison après le travail, votre chien vous attend, insouciant de ce que vous avez vécu durant la journée. Il est content, il veut jouer, il est impatient de recevoir une caresse. Voilà votre récompense pour les efforts consentis à faire son éducation de base.

Comme dans n'importe quel couple, il arrive que la routine transforme la relation. Et il existe des facteurs incontrôlables avec lesquels il faut composer : la santé, les soins, les changements matrimoniaux, la venue des enfants et les imprévus. Le propri-ami peut être en mesure de trouver autour de lui les ressources dont il a besoin, au bon moment. Mais, parfois, il aura l'impression d'être le seul à affronter des situations difficiles. Alors, mieux vaut les prévoir ! Ce chapitre nous en apprendra davantage sur les ressources, les réseaux accessibles et les trucs qui facilitent la vie.

Au fil du temps, des habitudes s'installent, de petites irritations se développent et entraînent des remises en question. Certains comportements finissent par se transformer en problèmes et il faut savoir les résoudre efficacement. Même si tout est au beau fixe aujourd'hui, il est possible que des crises surviennent, dans des situations prévisibles ou nouvelles. Les exemples qui suivent vous seront sans doute utiles, un jour ou l'autre. Au mieux, vous pourrez les suggérer à vos amis qui ont un problème similaire.

Enfin, les propri-amis étant toujours soucieux de participer à l'évolution de leur chien, il y a aussi tout un volet « éducatif » qui peut faire partie de la réalité. En votre compagnie ou auprès de professionnels, votre animal peut apprendre à développer ses habiletés et à acquérir de nouvelles aptitudes.

Dans mon bottin personnel

L'expérience ne s'achète pas ! Vous pouvez cependant compter sur une foule de solutions lorsque vous avez un problème d'obéissance, de santé ou d'éducation avec votre chien.

D'abord, l'obéissance. Tous les propri-amis souhaitent que leur animal :

- arrête de sauter ;
- cesse de tirer sur la laisse ;
- vienne quand on l'appelle ;
- ne jappe pas trop ;
- soit propre ;
- ne quémande pas à table ;
- ne grimpe pas sur le lit ;
- aime les enfants ;
- aime les chats ;
- reste couché quand on le lui demande.

Les premiers efforts d'entraînement sont donc orientés vers ces dix priorités. Vous pouvez obtenir de l'aide sur l'Internet, ou dans un centre d'entraînement près de chez vous, ou faire appel à un comportementaliste (psychologue canin) qui vous secondera dans vos efforts ou qui ira chez vous pour établir les diagnostics et élaborer les stratégies gagnantes.

Je vous rappelle que les méthodes peuvent varier selon la formation de votre conseiller. Vérifiez s'il est un adepte d'un entraînement basé sur la compréhension et la communication, et non sur la contrainte. Normalement, un bon conseiller évaluera d'abord votre problématique (écoute active), puis il vous expliquera la solution qu'il propose (auditif), vous donnera les raisons de son choix (logique), passera ensuite à la démonstration physique (visuel) et terminera par un exercice guidé où vous pourrez faire l'apprentissage de ce qu'il propose (kinesthésique). Il est important de solutionner un seul problème à la fois. À vouloir aller trop vite, on ralentit inutilement le processus d'apprentissage.

Pour garder votre amitié, le chien fera des miracles. Vos nouvelles connaissances en psychologie canine vous permettront de faire évoluer ses forces et d'enrayer ses mauvais réflexes. Cependant, je déconseille aux propri-amis de déléguer toutes les responsabilités d'éducation à une tierce personne.

Il y a de nombreux avantages à être présent et impliqué dans l'entraînement de son chien. Évidemment, vous le connaissez mieux que personne et c'est votre responsabilité de lui assurer un milieu agréable. Lui tourner le dos alors qu'il a besoin de vous serait une marque de désintéressement ou le signe que vous ne voulez pas développer une relation profonde et durable. Votre présence fait aussi de vous un observateur plus attentif, notamment lorsque vous allez en classe avec votre animal. Le groupe permet des échanges rassurants ou réconfortants, tout en vous permettant de mesurer votre progression et d'ajouter d'autres paramètres que votre seule expérience. Et votre réseau d'amis et de ressources s'en trouve encore bonifié.

Je vous rappelle d'avoir à l'œil nos recommandations afin de trouver des centres d'éducation à la fine pointe des techniques nouvelles d'entraînement canin. Informez-vous sur ce qu'on vous vend vraiment et ne vous laissez par berner par le marketing. Le centre emploie-t-il des entraîneurs qualifiés[28] ? Son personnel a-t-il accès à de la formation continue ? Y exclut-on les punitions physique et verbale ?

Les services proposés aux propriétaires de chiens doivent aussi être décrits avec précision. Le contenu, l'ambiance, l'évolution des progrès sont des critères de qualité qu'il faut comparer sur papier et valider sur le terrain. Après un essai, tel centre vous conviendra si :

- le chien aime venir en classe, s'il n'est pas oublié dans le blablabla des humains ;
- les explications fournies par les entraîneurs sont claires ;
- la classe est un moment agréable et éducatif qui se vit comme une activité familiale ;
- l'on ressent que l'équipe a du plaisir à entraîner les animaux ;
- les propriétaires peuvent expérimenter directement les techniques ;
- l'entraînement n'est pas fait de formules miracles (boniments irréalistes) ;
- les approches sont personnalisées, les solutions applicables et les progrès, mesurables ;
- la communication est ouverte, le personnel est disponible et la formation reste respectueuse en tout temps et pour tous.

On dit souvent que la meilleure publicité, c'est un client satisfait. Pour évaluer cet aspect lorsque vous devez faire un choix, demandez les références de quelques clients et appelez-les afin de vérifier leur appréciation. Posez des questions précises au sujet des prestations fournies et de leur coût réel. Les centres les plus efficaces ne sont pas nécessairement les plus médiatisés ! À vous de trouver le centre idéal.

Vous pouvez devenir membre de clubs canins, assister à des rencontres d'information, à un Chienposium[29] ou à toute autre manifestation, comme les salons et les concours, afin de rester à l'affût des percées scientifiques, techniques et même esthétiques. Vous y rencontrerez des spécialistes et des passionnés qui, comme vous, adorent la compagnie des chiens.

Par le trou de la serrure

Une foule de contextes de la vie courante peuvent donner lieu à des complications de type « boule de neige ». Lorsque le propri-ami connaît la façon de désamorcer la crise, ou qu'il peut l'éviter, que de soucis sont épargnés ! Je m'immisce donc par le trou de votre serrure et vous dis comment il convient de réagir quand on aime avec respect ses amis canins.

Cas 1. Et s'ils étaient deux ?

Mon ami Claudio adore les chiens et décida un jour d'adopter deux chiots à la fois, frère et sœur. Ils vont s'amuser ensemble, se dit-il en les regardant dormir blottis l'un contre l'autre. Était-ce une bonne décision ? La suite n'a pas été paradisiaque. Les chiots ont appris à satisfaire leurs besoins sans l'intervention de leur propri-ami : ils l'ignorent tout simplement. Ils n'ont aucune motivation pour les caresses ni pour le jeu, car ils vivent en symbiose. Cependant, les adopter l'un après l'autre n'aurait pas été plus simple. Il convient donc de bien réfléchir aux motivations qui vous incitent à choisir ce scénario. Trop d'amour à donner ? Incapable de résister aux regards implorants ? S'il y en a pour un, il y en a pour deux... ?

Les situations suivantes vous rejoignent-elles ?

- J'ai les moyens financiers, l'espace adéquat, du temps, un chalet et un véhicule utilitaire. Ce sera plus stimulant !
- Je vis sur une ferme laitière et mes chiens peuvent évoluer librement. Ils seront plus heureux ici que dans cette cage !
- Je ne suis pas souvent disponible et j'aimerais que mes chiens profitent de leur présence mutuelle pour faire plus d'exercice, pour courir et jouer à volonté. Un chien seul s'ennuie.

- Je trouve mon gros toutou vraiment « pot-de-colle » et je voudrais qu'il s'occupe sans me solliciter constamment. J'ai choisi de former une paire pour me libérer un peu.
- Je peux me permettre de sauver deux chiens de leur solitude. La vie de refuge ne doit pas être agréable.
- J'ai deux enfants et ils aimeraient avoir chacun leur chien. Ils vont arrêter de se disputer !
- Je veux impressionner mes amis en leur montrant que je possède deux rottweilers. Je suis vraiment un passionné.
- J'en veux un qui performe, car mon poméranien n'est pas assez agile. Je veux donc aussi un border colley.

J'ai remarqué, au fil des années, que le second animal sera beaucoup plus difficile à entraîner que le premier. Souvent, les propriamis pensent que le premier montrera l'exemple à l'autre. C'est une illusion. Les chiens n'apprennent pas par imitation. Il faut tenir compte aussi du temps disponible. On doit pouvoir donner à chacun l'attention et les soins requis. En plus d'avoir à travailler en double, il faut savoir que l'interaction des deux chiens peut entraîner des imprévus. Par exemple : vous nourrissez le premier et l'autre veut manger dans le même bol ; le premier ne jappait pas trop, mais à deux c'est une vraie fanfare ; les dépenses de vétérinaire grimpent et vous devez même songer à changer votre véhicule devenu trop exigu ; pendant que vous entraînez l'un, l'autre invente toutes sortes de mauvais comportements pour attirer votre attention ; la maison est devenue un chenil et la femme de ménage ne veut plus rien savoir !

Donc, il faut déjà avoir une excellente maîtrise de son environnement, de son quotidien et un don particulier d'adaptation pour intégrer dans sa vie un deuxième animal avec succès. Si tel est votre choix, mûrement réfléchi, vous arriverez à aimer deux compagnons à la fois et ils vous le rendront. Mais il ne s'agit pas d'une décision coup de cœur : préparez-vous à en avoir plein les bras !

Cas 2. Pourquoi pas un chien adulte ?

Vous vous dites qu'il sera déjà dressé, propre et obéissant. Vous avez donc le choix entre des dizaines de chiens qui vivent en refuge, dans l'attente de trouver un foyer. Le premier conseil est de bien connaître vos besoins et de mener une enquête minutieuse avant de vous attacher au premier venu. Sachez que la morphologie du chien adulte ne changera plus. Il est donc indiqué de lui faire subir une évaluation de santé et de dresser son profil psychologique.

À la SPCA, par exemple, tous les chiens sont évalués avant l'adoption. Les comportements sociaux, l'agressivité et l'anxiété, notamment, sont d'une grande importance. Il est préférable que vous preniez le temps de bien observer l'animal. Dans son enclos, comment réagit-il ? Il doit côtoyer d'autres chiens, des humains inconnus, subir du stress de socialisation. Semble-t-il capable de s'adapter ? En promenade, porte-t-il attention aux humains ? A-t-il peur du bruit des voitures, est-il nerveux ? Face à la nourriture, est-il agressif ? Se laisse-t-il manipuler pour une contention ? Si on feint de lui tailler les griffes, comment se comporte-t-il ? Aime-t-il les caresses, recherche-t-il les contacts affectueux ? Comment gère-t-il son stress dans un local différent ?

En fait, ce chien adulte est peut-être le fruit d'une expérience malheureuse entre son premier maître et lui. Pourquoi a-t-il été mis en refuge ? Faudra-t-il le réhabiliter intégralement ? C'est un défi stimulant pour qui adore les chiens, mais il faut prévoir une dose additionnelle de patience et de compréhension. S'il s'agit d'un chien qui a été traité sans respect, sa confiance pourrait être difficile à gagner, mais cette évolution sera d'autant plus gratifiante.

Dans plusieurs cas, les chiens de refuge nous sont confiés à cause de l'incompétence des maîtres. Ils portent un collier étrangleur à pics et ne réagissent plus aux punitions. L'équipe de la SPCA met ces objets de torture à la poubelle et sort un licou, un clicker et quelques biscuits, et le chien se calme. Au début, il peut refuser la nourriture, car il ne sait pas s'il peut faire confiance. Mais à mesure que les heures passent, il adoptera son nouvel environnement et la magie de l'affection s'installera. Il vous suffit ensuite d'entreprendre son entraînement, pas à pas, en récompensant ses bons comportements. L'union parfaite ? C'est possible !

Cas 3. La famille s'agrandit, que faire ?

Un couple de propri-amis peut éventuellement avoir des enfants. Comment prévient-on alors les problèmes ? D'abord, sachez que votre chien n'est pas un dauphin qui perçoit les ultrasons ; il ne se doute pas que sa vie va changer avec l'arrivée d'un nouveau-né. Odeurs nouvelles, bruits insolites, horaires bouleversés, accès limité à certains espaces, moins d'attention et fatigue des adultes, etc. Pour le chien, c'est un petit cataclysme qui l'incitera à réagir. Prévoyez ces changements et préparez l'animal afin de favoriser une cohabitation pacifique. Commencez par diminuer graduellement le temps d'attention que vous lui portez. Par exemple, si vous avez l'habitude de passer des heures à le flatter en regardant la télé ou en lisant, donnez-lui un os qu'il pourra gruger sur le tapis. Ainsi, il apprendra à s'occuper pendant que vous allaiterez ou bercerez bébé. Il ne se sentira pas puni ou rejeté.

S'il dort dans sa cage, prolongez ou ajoutez des périodes de calme pendant la journée pour que vous puissiez vous consacrer au poupon ou vous reposer sans avoir à punir votre chien. Commencez à introduire certaines odeurs et des bruits propres aux bébés : couches, poudres, pleurs et cris. Si vous avez des amis qui ont de très jeunes enfants, faites un essai d'immersion en étant attentif aux réactions du chien. Bercez une poupée devant le chien en lui demandant de rester couché tranquille à vos pieds. Ces exercices de désensibilisation aideront l'animal à s'adapter à ces nouveaux éléments dans son quotidien. Ce qui le perturbe, ce n'est pas la présence du bébé, mais votre changement de priorité. Il était votre enfant unique et voilà qu'il est ignoré, voire puni s'il se conduit mal.

De toute évidence, les nouveaux parents ne sont pas surhumains. L'ardeur, l'énergie et les horaires ne sont plus les mêmes après un accouchement. Tout le monde doit s'adapter, y compris le chien ! Lorsque vous rentrez avec le bébé, demandez à une autre personne de faire d'abord sortir le chien de la maison pour que vous puissiez installer l'enfant confortablement. Vous pouvez vous asseoir et prendre bébé dans vos bras, puis faire entrer le chien. Comportez-vous comme vous le lui avez appris. Le chien sentira bébé et les présentations seront faites sans anxiété. Évidemment, les parents doivent rester vigilants et remplacer les comportements indésirables par des entraînements spécifiques. Un dernier clin d'œil : munissez-vous d'un seau à couches impossible à ouvrir, car les chiens adorent fouiner dans cette poubelle magique !

Un mot sur la réaction d'un nouveau père qui, se sentant inutile et dévalorisé, achète un chiot pour combler ce déficit affectif. Hélas ! l'idée n'est pas fameuse ; la motivation du père n'est pas vraiment celle d'un propri-ami responsable. Après quelques semaines, le chiot sera probablement délaissé et la nouvelle maman en aura plein les bras… Il est recommandé aux nouveaux parents d'engager un bon dialogue avant d'introduire un chiot dans leur environnement.

Cas 4. Est-ce assez dégoûtant ?

Entre le dégoût et l'indignation, mon amie Claudette m'a fait part de son problème. Son chien vient de se délecter des excréments d'un chat ! Évidemment, cela semble repoussant au plus haut point. Même si vous lui offrez une moulée bien équilibrée, s'il en a l'occasion il ira fouiner dans les excréments des herbivores ou dans tout reste biologique. D'ailleurs, les chiennes se nourrissent des excréments de leurs petits jusqu'au sevrage. En fait, les chiens sont des vidangeurs et ne devraient pas être punis s'ils expriment ce réflexe inné. Le mieux est d'ignorer un tel comportement ou d'attirer l'attention du chien sur une autre chose plus gratifiante… pour l'humain qui le cajole.

Si le chien constate votre manque d'intérêt pour la chose qu'il convoite, il ne s'y arrêtera pas. Voilà ce que Claudette ne savait pas. Elle s'est entêtée à lui dire « non », à le punir, à enlever les excréments, mais ce faisant elle a renforcé le désir du chien. Il pense que ces choses sont si bonnes que vous voulez les garder pour vous ! Résultat : il se hâtera de les manger, de peur que vous les lui ôtiez. Que faire ? Lui mettre une muselière ne réglera pas le problème. Je suggère plutôt de cesser les punitions et, lorsque vous repérez l'objet avant le chien, de lui lancer une balle pour détourner son attention. Lorsqu'il vous la rapporte, donnez-lui un biscuit. Ignorez son mauvais comportement et ne ramassez jamais ce qu'il désire. Ne ramassez pas même ses crottes en sa présence ; attirez plutôt son attention ailleurs pendant l'opération. Si tous les propri-amis faisaient de même, il y aurait moins de comportements antihygiéniques. Par ailleurs, pour éviter que le chien soit malade, notamment à la fonte des neiges, quand les sols souillés contiennent toutes sortes de parasites, il est important de lui administrer mensuellement un bon antiparasitaire.

Cas 5. Un peureux, mon chien ?

La phobie est un trouble psychologique qui touche autant les chiens que les humains. Devant un objet, un contexte, un animal, une réaction de désordre s'installe. La peur entraîne une série de mécanismes automatiques qui semblent impossibles à freiner. Se sentant en danger, le chien fuira, halètera ou cessera de respirer. Ses pattes sont moites, ses pupilles se dilatent. Il cherche une cachette sûre ou court dans tous les sens, persuadé que sa vie est en danger. Il est sourd et aveugle à toute intervention, quoi que vous tentiez. La première réaction utile sera de quitter ce lieu qui l'effraie.

Mon ami Hubert en a fait l'expérience quand son chien s'est révélé phobique aux orages. Il a gratté et détruit un mur complet du garage pour s'enfuir. Même protégé dans ce lieu, il était incapable de gérer sa peur. Cela nous démontre que ce chien a dû subir un traumatisme qui a laissé des traces profondes dans son cerveau. Accident de voiture, premier contact effrayant avec un vétérinaire ou souvenir d'avoir été battu sont des exemples assez fréquents. J'ai aussi vu des chiens qui refusent de marcher sur une bouche d'égout ou qui paniquent à la vue d'une tapette à mouches. La peur est parfois causée par des situations qui semblent anodines : un caniche a coincé son collier sous le rebord de son bol en acier inoxydable, puis, quand il a quitté les lieux, le bol a fait tout un tintamarre et le caniche s'est cru poursuivi par un objet bruyant attaché à son collier. Plus jamais ce chien n'a voulu manger dans un bol en métal. J'ai aussi vu un malamute de cinquante kilos qui avait une peur bleue des sauterelles. Il faut alors mettre en place un entraînement de désensibilisation progressif face à l'objet ou à l'environnement qui cause problème. Il faut ignorer la peur et rediriger l'attention de l'animal sur quelque chose de positif, jusqu'à ce qu'il oublie son comportement problématique. Mais il arrive que des phobies résistent à tous les traitements et que les spécialistes en comportement aient recours à des thérapies ou à des médicaments pour régler le problème.

Cas 6. Comment lui apprendre son ABC ?

À la naissance, le chiot possède déjà sa programmation innée. Sans voir ni entendre, il cherche instinctivement la chaleur maternelle sans laquelle il ne peut survivre. Il cherche donc les mamelons de sa mère et peut se nourrir pour la première fois. Si cette première tentative échoue, sa mère l'abandonnera. Il est génétiquement programmé pour se comporter ainsi. Dès les premiers jours de sa vie, il reconnaît le son de la tétée et si un humain imite ce son il viendra à lui sans méfiance. Le bruit d'un bec et le voilà qui court vers vous !

Les manipulations par un humain seront aussi déterminantes. Parce qu'il faut stimuler ses neurones afin qu'il se développe, le contact avec l'éleveur ou le maître est particulièrement important. Il reconnaîtra rapidement le bruit de succion, les pas, les autres sons de son environnement. Il apprend vite et il est facile de mettre à *on* tous les bons comportements souhaités.

On prétend même, mais sans fondement scientifique, que si on retourne délicatement le chiot la tête en bas plusieurs fois, il ne souffrira jamais du mal des transports. Lorsqu'il commencera à jouer, il se mettra à associer des sons et des actions. Il retiendra son nom si vous l'associez à la nourriture et il se mettra à vous suivre comme il le fait pour sa mère, porteuse des récompenses les plus enviables : ses tétines !

Cependant, le comportement *suivre* ne sera pas stable si vous ne le renforcez pas. À mesure qu'il explorera son environnement, le chiot découvrira des plaisirs nouveaux qui pourront l'emporter sur son apprentissage premier. Plus le chiot sera stimulé positivement, sans laisse ni contrainte, plus il sera socialement adapté.

Cas 7. Mon chien est-il verbomoteur ?

Les humains stressés ont tendance à parler fort, à hausser le ton et à se laisser emporter dans une sorte de monologue sans fin. On dit qu'ils sont verbomoteurs lorsque personne n'a le temps de placer un mot. Une seconde pour respirer et ils repartent. En fait, la parole a un effet rassurant chez ceux qui ont peur ou qui souffrent d'anxiété. Les chiens ont parfois aussi ce problème. Ils vont japper dans une situation inédite, devant des inconnus, ou lorsqu'on les sortira de leur zone de confort. Fido et son propri-ami ont donc en commun le besoin de chercher la sécurité. Lorsque vous étiez enfant et que vous aviez peur, votre mère ou votre père parlait ou chantait pour vous calmer… Vous reprenez ce comportement en vous raccrochant à l'idée que la parole crée une sorte de barrière contre les frayeurs.

Votre chien se met à hurler dès que la sonnette de la porte retentit. Il craint l'inconnu : la personne qui sonne représente une menace. S'il n'avait pas peur, s'il n'était pas anxieux ou nerveux, il ne japperait pas. Si vous associez le bruit de la sonnette à une émotion positive, comme offrir au chien un morceau de fromage à chaque sonnerie, il apprendra à associer le son et le plaisir. Vous récolterez un silence dès que la peur aura disparu.

Voici une progression intéressante à appliquer :

A. Un visiteur approche de l'escalier : on lance des gâteries à Fido qui oublie son anxiété. Après avoir répété cela une dizaine de fois, il associera l'arrivée d'un visiteur avec son plaisir.
B. Le visiteur monte sur le balcon sans sonner : Fido reçoit des gâteries jusqu'à ce que l'émotion soit positive.
C. Le visiteur sonne et la récompense arrive en même temps que la sonnerie : Fido mange en oubliant son réflexe premier.

Répétez l'exercice jusqu'à ce que le chien reste là parce qu'il n'a plus peur. Le stress est éteint.

D. Le visiteur entre et vous serre la main : Fido a des récompenses jusqu'à ce que la peur se transforme en joie. Il associera peu à peu « sonnette = biscuit ».

La répétition de cette simulation peut se faire plusieurs fois, jusqu'à ce que Fido associe les gestes et les sons à une situation agréable. Renforcer pendant un certain temps, puis de façon périodique, jusqu'à ce que Fido ne réagisse plus à la peur en jappant sans arrêt.

Cas 8. Question de pit-bull : Les humains sont-ils racistes ?

Chez les humains, on dit que l'habit ne fait pas le moine pour dire qu'il ne faut pas juger les autres sur les apparences seulement. Cette remarque devrait aussi s'appliquer aux chiens. Par exemple, réagiriez-vous de la même manière si vous croisiez un caniche et un pit-bull dans la rue ? Les pit-bulls sont des chiens qui, pour la plupart, ont des comportements de prédation et qui ont besoin de beaucoup de socialisation et d'entraînement dès le plus jeune âge pour renforcer leurs attitudes amicales. En fait, je connais des milliers de chiens auxquels on pourrait associer les mêmes caractéristiques. Or, la réputation négative des pit-bulls dépend beaucoup de la personnalité du maître. Une étude américaine nous révèle que 80 % des propriétaires de pit-bull ont un dossier judiciaire. La main qui tient la laisse peut faire toute la différence.

Au fil de ma pratique, j'ai évalué plusieurs chiens agressifs sans pouvoir dissocier l'impact du maître sur la destinée des animaux. En fait, le pit-bull sera un chien comme les autres si on l'entraîne par renforcement positif ; son orientation sociale dépend de la personne qui en fera une bête menaçante, primitive et agressive, ou un bon chien au service de sa famille. Hélas ! le simple nom du pit-bull déclenche les préjugés, aussi est-il important de porter un regard spécifique et éclairé afin de vérifier la tendance. Le jeu du miroir vous dira de quel côté s'enracine l'agressivité : côté chien ou côté maître.

Un pit-bull dorloté, introduit dans une famille pacifique, qu'on entraîne à faire une bonne vie, s'imprègne de cette atmosphère pour combler ses proches d'affection. Ces personnes ont eu pitié de cet animal qui est victime d'une dévalorisation systématique. Or, ils m'ont prouvé qu'un pit-bull aimé est un animal de compagnie très intéressant.

Au risque de déplaire à certains lecteurs, je pense que le problème d'agressivité est souvent causé par la personnalité du propriétaire qui veut s'identifier à un animal « rebelle ». Le chien devient une projection, une carte de visite à la mode auprès d'individus s'avouant mal aimés, antisociaux, révoltés contre l'autorité. Peu informés sur les méthodes d'entraînement, ils renforceront chez leur animal les comportements agressifs par la punition et l'incitation au combat. Or, punir, c'est inciter à mordre, à grogner, à agresser autrui comme moyen de défense. Celui qui tient la laisse imprimera sa marque sur l'animal. Le pit-bull, comme tous les chiens d'ailleurs, réagira en s'adaptant à l'environnement qu'on lui propose. Si on le stimule à être agressif, instable, méfiant, il deviendra un chien méchant.

L'image négative de cette race n'est pas toujours justifiée. Les pit-bulls ne sont pas plus agressifs que d'autres chiens, mais ils ont un instinct de prédation facile à déclencher. La différence, c'est que leur morsure crée d'énormes dommages. Voilà pourquoi on ne doit pas encourager leur agressivité. Hélas ! la mauvaise réputation de cette race a créé une sorte de polarisation : maîtres agressifs et pit-bulls sont devenus indissociables et des synonymes de danger. Cette race devrait-elle disparaître pour que cesse cette discrimination ? Ma suggestion est plutôt de reprendre l'élevage de ces chiots en tentant d'éteindre les caractéristiques de prédation, ce qui pourrait donner lieu à l'émergence d'une lignée racée mais socialement inoffensive.

Cas 9. Pompon, quel est notre avenir ?

Depuis longtemps, ma vieille tante et Pompon vivent sous le même toit. Le chien poilu nous rappelle ces housses de Phentex qui camouflaient jadis les boîtes de kleenex. Pompon et tante Béatrice forment un couple symbiotique qui partage le quotidien sans se rendre compte que l'âge commence à peser. Tante Béatrice a maintenant certaines limitations physiques et devra bientôt quitter son appartement. Elle ose à peine envisager une rupture. Pompon jappe et s'agite sans arrêt, mais elle multiplie les caresses pour lui pardonner ses indisciplines. La cohabitation avec le chien prend ici une dimension affective, parce que cette présence est devenue essentielle pour la vieille dame qui se retire peu à peu de ses autres activités sociales. Pompon, c'est sa famille, sa vie !

Le chien est-il devenu le meilleur ami des personnes vieillissantes ou esseulées ? Le chien remplace fréquemment l'amour, l'amitié, l'affection des enfants et la présence humaine. Pendant une large partie de l'existence, des hommes et des femmes n'ont comme compagnon qu'un animal fidèle.

Lorsque la vie à la maison sera devenue impossible pour tante Béatrice et qu'elle devra dire adieu à son ami fidèle, il y aura un deuil difficile à faire. En maison d'hébergement, on proposera peut-être la zoothérapie à cette vieille dame attristée qui parlait autrefois à Pompon toute la journée. Elle le pleurera beaucoup et cette complicité disparue sera une véritable épreuve. Tante Béatrice a l'impression qu'elle abandonne son petit Pompon et se sent coupable de ce qui lui arrivera.

Au Japon, il existe une maison de retraite pour les animaux domestiques vieillissants dont les maîtres sont devenus incapables d'assurer les soins. Trop peu de propri-amis ont le souci d'ajouter une clause testamentaire afin d'assurer le bien-être de leur animal après leur décès. Mais les choses changent, les mentalités évoluent. Et il existe maintenant au Québec des refuges sans mise à mort (ou l'approche *no kill*).

Nous parlons rarement de relation thérapeutique entre le chien et l'homme, pourtant la zoothérapie coûte peu à la société comparativement aux médicaments qui provoquent des effets indésirables et accentuent l'isolement. Avec l'âge, les humains comme les animaux vivent dans un univers sensoriel où le langage n'occupe pas toujours la première place. Ils ont donc en commun la vie, les plaisirs du moment présent, les besoins affectifs sans artifice et le désir de recevoir une forme d'acceptation inconditionnelle. Les chiens ne jugent pas les humains : ils les affectionnent avec confiance. Ils stimulent le désir de rester vivant, de se laisser gagner par des émotions instantanées, de se sentir en interaction sans avoir à fournir un effort de verbalisation complexe. La zoothérapie permet d'exprimer des émotions qui, autrement, resteraient emprisonnées pour des raisons multiples : timidité, peur de la solitude et peur d'entrer en relation d'affrontement, laisser-aller général par manque de stimulation, désœuvrement et errance liés à l'abandon des repères du passé, etc. Pompon, Fido et les autres chiens ont pourtant le pouvoir de ramener le soleil, le plaisir simple, la complicité, toutes sortes de stimulations qui aiguillonneront la personne qui s'enferme dans ses incapacités. Le petit animal poilu a beau être le chien le plus banal du monde, il touche le cœur de l'humain dans ce qu'il a de plus fondamental : le goût de vivre, de se sentir responsable, de partager de l'affection et du bonheur. Voilà pourquoi, aux yeux des aînés, la présence canine joue un rôle si capital. Ces toutous qui consolent leur sont indispensables, ils sont indissociables de la qualité de vie des personnes vieillissantes. On devrait décerner à ces animaux des médailles de fidélité.

Pourquoi ne pas créer une fondation (appelons-la *De A à Z*) dont la fonction serait d'associer aînés et zoothérapie ? De nombreux aînés qui vivent dans la solitude en seraient réellement heureux !

Cas 10. Fiston, aimes-tu ton nouveau jouet ?

La décision d'adopter un enfant est l'objet d'une enquête en profondeur. Notre société se veut responsable et conséquente. Mais, lorsqu'une personne fait le choix d'accueillir un animal, les raccourcis peuvent parfois devenir dramatiques. Je me dois d'aborder cet aspect de l'engagement, dans la démarche d'adoption d'un chiot. Pourquoi ? Parce qu'un bébé animal n'est pas un simple jouet qu'on donne à un enfant. Il faut penser à ce qu'ils deviendront, tous les deux, avec le temps. Le chiot va grandir et évoluer ; l'enfant aussi. Et le désir de faire plaisir ne suffit pas à créer l'attachement dont vous rêvez.

Pierre et Julie décident de ne plus avoir d'enfant, ce qui implique que Marco restera fils unique. Pour se déculpabiliser et lui éviter la solitude, les parents lui offrent un chien pour son troisième anniversaire de naissance. Entre la garderie et l'heure du dodo, Marco a un jouet à sa disposition, pendant que les parents s'occupent des tâches ménagères et de leur carrière respective. Que se produira-t-il ?

Au moment de leur achat, je leur ai posé quelques questions : Avez-vous suffisamment d'espace ? *Oui !* Ferez-vous l'éducation de ce chiot ? *Non, nous n'avons pas le temps, mais nous le confierons à un centre qui le rendra propre, obéissant et inoffensif pour notre enfant.* Votre environnement lui permet-il de faire de l'exercice ? Êtes-vous sportifs ? *Il y a un parc dans le quartier, mais nous n'avons pas de temps à perdre pour promener le chien.* Si votre enfant devient allergique aux poils, que ferez-vous ? *Nous le ferons soigner.* Et si le chien est malade ? *L'un de nous ira chez le vétérinaire. Si nécessaire, nous demanderons à un spécialiste de venir à la maison.*

Évidemment, ces gens ont les moyens d'offrir un chien à leur fils et d'en assumer les coûts, mais l'animal ne fait pas partie d'un projet de vie de famille. Le problème est là. Quelles seront les relations entre chacun ? On ne gère pas un chien comme on programme un magnétoscope. Il a des besoins, ceux d'un être vivant ! Alors, si vous réagissez sur un coup de cœur en voyant un gentil toutou dans une animalerie, vous entrez dans un engrenage qui pourrait vous conduire à faire euthanasier votre animal ou à le mettre dans un refuge après quelques mois de frustration. Ces beaux spécimens si sympathiques sont en vitrine comme s'il s'agissait de jouets, comme si, lorsque la réalité remplace le rêve, l'animal pouvait être jeté sans scrupule. Je déteste ces conclusions et je propose aux adultes une réflexion plus spécifique sur leurs intentions.

Les animaleries sont des usines à toutous qui, trop souvent, jouent sur les sentiments pour vendre l'animal. Choisir son compagnon dans un chenil où l'on fait un élevage sélectif et plus attentionné m'apparaît déjà une approche préférable. Pourquoi ? Parce que cela implique une ou plusieurs visites au cours desquelles il y aura des interactions et où l'on vous transmettra une foule d'informations. Vous serez en présence d'humains qui aiment les animaux, pas seulement avec une entreprise de marketing. Vous pourrez aussi vérifier si votre enfant a une attitude positive face à l'animal, s'il le choisit et le reconnaît comme un ami. L'enfant développera aussi son intérêt et sera stimulé par le chiot si la chimie opère. Et la suite des relations n'en sera que plus riche.

Je suis évidemment en faveur de l'apprentissage des chiots par les maîtres eux-mêmes pour les éléments de la communication de base, et je recommande aux propri-amis d'envoyer leur chien à l'école pour leur permettre de devenir des compagnons évolués, mieux adaptés à la vie quotidienne en milieu urbain.

Dans ces circonstances, je me permets de suggérer une rencontre avec un conseiller de la SPCA pour trouver le meilleur chien en fonction de vos intentions et de votre style de vie. Ils vous aideront à faire un choix plus éclairé, à former un heureux couple enfant/chien, comme le ferait une agence de rencontre. Les mauvais départs font souvent échouer les expériences de compagnonnage et les deux « cobayes » souffrent de cet échec, parce que les adultes ont pris de mauvaises décisions.

Des histoires d'horreur qui finissent mal, il y en a des milliers. En Amérique du Nord, on pratique plus de deux mille euthanasies par heure. Ce carnage pourrait être évité si les humains adoptaient une attitude plus responsable et choisissaient d'aimer les animaux au lieu de les traiter comme des objets de consommation. Alors, avant de vous mettre en quête du compagnon de votre enfant, demandez-vous si vous faites ce choix pour de bonnes raisons et dans le meilleur contexte possible. Réfléchissez avant d'agir. Après tout, nous savons tous à quel point il est important de former une vraie famille !

Je touche un mot sur l'accueil des chiots pour une période déterminée. Certaines familles savent pertinemment qu'elles ne pourront garder un animal toute sa vie durant. Dans ce cas, pourquoi ne pas devenir famille d'accueil pour la SPCA, pour les fondations PACCK[30] ou Mira[31] ? Sélectionnés pour leurs caractéristiques génétiques de douceur, de fiabilité et de fidélité, les chiots labernois sont d'abord confiés à des familles, jusqu'à l'âge de l'entraînement des chiens-guides. Ils travailleront alors auprès d'une personne non voyante, malentendante ou ayant une motricité réduite par un handicap, par exemple. Une fois terminée leur carrière de guides, les chiens retournent dans leur famille d'origine, si celle-ci peut de nouveau les accueillir.

Cette expérience de quelques mois pourra vous permettre de savoir si vous avez la fibre d'un véritable propri-ami. Et le suivi de l'organisme Mira est attentionné, basé sur des relations positives. Il s'agit d'une expérience d'immersion parmi les plus agréables qui soient.

Cas 11. Comment sortir de l'impasse ?

Vous vous efforcez d'apporter à votre animal de compagnie tout ce qui est nécessaire à sa santé physique, mais vous voilà désespéré devant son comportement. C'est son mental qui ne tourne pas rond. Devez-vous l'accompagner dans cette quête d'équilibre ?

Il est ici question d'attachement et de responsabilisation. Jusqu'où est prêt à aller Steve dans ce contexte ? Son chien nécessite une reprogrammation. Il a échoué dans ses efforts pour l'entraîner et se sent incompétent, mais il accepte la démarche parce qu'il s'est attaché à cet animal. Ce qu'il faut lui rappeler tient en peu de mots.

Un chien équilibré mentalement, qui vit en société, a deux besoins primordiaux : s'adapter à l'environnement humain et apprendre à gagner ses privilèges. C'est tout ? Steve en reste bouche bée ! Ce processus de socialisation connaît son lot de difficultés chez les humains et aussi chez nos amis canins. Chez Brutus, par exemple, quelque chose ne va pas et il faudra découvrir le problème, puis tenter de corriger les mauvaises connexions. Il a des peurs incontrôlables, il perd toutes les informations programmées dans des contextes spécifiques, il est dépressif. Il faut s'en remettre à des spécialistes.

Les comportementalistes, vétérinaires, éthologistes et psychologues canins effectuent un travail de dépistage et peuvent évaluer l'étendue des dommages. Mais la reprogrammation n'est pas instantanée : il faut tout recommencer depuis le début. Troubles hormonaux, alimentaires ou psychologiques, comportements agressifs ou dérangeants, éducation déficiente ou sentiment d'abandon, il y a une foule de cas qui aboutissent sur le divan. Auparavant, Steve aura même essayé le yoga pour guérir son chien.

Selon les experts, de 8 à 10 % des chiens sont prédisposés aux troubles du comportement. Les phobies et le stress côtoient les états dépressifs causés par l'abandon. Les causes sont à la fois génétiques et environnementales. Les thérapies peuvent durer jusqu'à dix-huit mois, selon la réponse du sujet. On a parfois recours au Prozac pour calmer les angoisses. Les techniques associent le jeu et l'intelligence de l'animal dans une approche sans violence. Les psys tentent de découvrir la personnalité réelle de l'animal et d'exploiter ses bons réflexes en les stimulant. Souvent, les efforts de redressement touchent aussi le propriétaire, cet humain faillible qui a lui aussi, parfois, une vie difficile.

J'ai rappelé à Steve que le chien est un animal qui utilise l'humain pour survivre et non l'inverse, et cela l'a réconforté. Brutus s'en sort et reprend du poil de la bête. Son maître a repris confiance. Le chien est-il en train de solutionner les questions existentielles de son protecteur ? Moins anxieux, Steve s'est mis à observer son chien et à lui donner de l'attention. Il bénéficie lui aussi de cette petite dose de jeu, de plaisir et de gratitude que Brutus lui renvoie chaque jour. C'est réconfortant de penser que la vie de couple peut reprendre sur de nouvelles bases.

Cas 12. Alors, on partage tout ?

Certains chiens, toutes races et sexes confondus, ont la malheureuse réaction de vouloir mordre dès qu'on s'approche de leur bol ou si l'on veut prendre leur os ou leur jouet. Ces morsures sont sans doute les causes les plus communes de rejet d'un animal. Or, ces réactions agressives naissent de l'instinct et ne sont pas une pathologie grave. En fait, un chien sur trois réagit ainsi pour protéger sa nourriture dès l'âge de deux mois. Ce trait génétique sera renforcé ou non, selon l'environnement dans lequel le chiot évoluera.

Par exemple, si je m'approche de Bobbie (il a deux mois) et qu'il se met à grogner quand je lui enlève sa gamelle de nourriture, il exprime probablement un comportement de type hormonal. Si je récompense ce comportement en lui redonnant sa gamelle, il enregistrera que c'est ce qu'il faut faire chaque fois. Car je renforce son mauvais comportement. « Je grogne et j'ai ma gamelle » se fige dans sa tête dès la première fois.

Par contre, si on le punit en se retirant – « Tu grognes et je pars » –, il croira qu'il a eu raison de grogner, car cela a éloigné la personne qui lui ôtait sa nourriture. Son mauvais comportement se renforcera davantage. Les choses vont empirer si vous criez ou si vous le manipulez dans cette situation. Il exprimera son agressivité et sa morsure sera un réflexe instinctif. « Je mors et la menace s'éloigne, ensuite je peux manger. » Il crée cette image et la gardera, puisqu'elle fonctionne. C'est une spirale qui va devenir infernale.

Si le premier comportement n'est pas corrigé, il faudra patiemment lui apprendre le bon comportement, sa tolérance envers les manipulations de son bol par les humains, sans que cela ne déclenche son instinct de protection de sa pitance. Je vous propose de faire du troc avec lui : échangez sa gamelle contre un morceau de bacon, par exemple. On peut aussi travailler le rappel pour contrer cet attachement à certains objets convoités ; l'isoler à l'heure des repas s'il est constamment à l'affût du morceau qui tombe par terre, allant jusqu'à mordre celui qui tenterait de le reprendre ; ou le nourrir graine à graine. Il appréciera de manger la petite portion, et vous revenez prendre le bol, et vous y remettez une petite quantité. Dès qu'il a fini, vous reprenez le bol pour y mettre de nouveau une bouchée. Il comprendra que le fait de prendre permet de remplir, et non d'enlever du plaisir.

L'instinct « Je trouve, je garde » est fortement ancré dans la génétique du chiot. C'est un instinct vieux comme l'espèce qui a survécu en trouvant sa nourriture ici et là, en marge des habitats humains. Face à un enfant qui ignore la méfiance et qui veut reprendre son bout de sandwich échappé par mégarde, le chien réagit et mord parce qu'il croit que cela lui appartient. Et le phénomène peut s'amplifier dramatiquement : ce sera un renforcement pour tout ce qui se mange, pour les jouets, les couvertures, les pantoufles, la place sur le fauteuil et la poignée de main que vous donnerez à un ami. Au début, ce sera « je gronde et je garde » si l'humain lâche prise, puis, si cela ne fonctionne pas, ce sera « je mors et je garde », car la relation « cela éloigne l'intrus » sera figée dans ses neurones.

Si toutou est petit, la morsure sera moins dommageable, mais le mal sera fait… Si l'animal est grand et fort, muni de crocs acérés, vous ne pourrez minimiser ses effets. Je vous invite donc à prévenir ce genre de réaction génétique en enseignant à votre animal, peu importe sa taille et sa force, à ignorer l'instinct de protéger sa nourriture dans tous les contextes possibles. Malheureusement, lorsque l'accident survient à votre enfant ou à son meilleur ami, il est dramatique de concilier les effets psychologiques et émotifs qui ne feront pas qu'une seule victime… Et le risque croîtra à chaque nouvelle occasion !

Cas 13. À quoi sert de courir ?

Copain prend ma chaussure et, quand il voit que je veux la récupérer, il part à courir pour la conserver. C'est un jeu qui peut être drôle au début, mais qui peut se transformer en mauvaise habitude. Sans compter que vous devrez remplacer tout ce qui aura été abîmé par les morsures et les bavures de ce cher Copain. Avec le temps, il grognera pour conserver ces objets et ce comportement agressif s'installera. Il réagira comme si toutes ces choses étaient à lui.

En fait, le chien ne réfléchit pas : la chaussure est là, elle sent bon, il n'a rien d'autre à gruger, ça l'amuse... Pourquoi se sauve-t-il ? Il ne veut pas perdre son plaisir, il a peur de vous, il veut garder ce qu'il a trouvé ? Lorsqu'il prend la fuite, son mauvais comportement s'installe : « Je cours et je garde ! » Il se cache sous la table et vous tentez de reprendre votre chaussure : « Je grogne et je garde » si vous cessez de réclamer votre objet ; suivi de « je mords et je garde » en quelques secondes. Réflexe normal qui n'a plus rien d'un jeu.

Copain devra apprendre à faire du troc, jusqu'à ce qu'il distingue ce qui est à lui (jouets, os, couverture) de ce qui est à vous. Courir après lui ne lui apprendrait rien de positif. Il faut plutôt l'entraîner à reconnaître les bons objets en cachant d'abord ce qui est interdit, puis, graduellement, en renforçant ses capacités de se concentrer uniquement sur ce qui est à lui. Évidemment, une partie de sa stimulation était causée par votre intérêt. Dans certains cas, le fait de quitter la pièce ou de l'ignorer aura aussi un effet dissuasif. Dès que vous avez tourné le dos, il se désintéresse de ce qui vous faisait bondir. Vous pouvez apprendre à gérer son environnement afin d'éviter qu'il vous manipule. Ignorez-le s'il s'empare d'un objet sans valeur, mais faites du troc lorsque Copain a déniché un bien qui vous tient à cœur ou qui peut le mettre en danger.

L'apprentissage *rapporte* constitue le véritable entraînement pour prévenir toutes sortes de mauvais comportements liés à cet instinct. Le clicker est particulièrement efficace et je recommande son utilisation. Si vous n'êtes pas un sprinteur olympique, vous avez tout intérêt à commencer cet apprentissage dès que le chien vous fera son numéro pour la première fois!

Cas 14. Qu'est-ce qu'il a encore fait?

Il est toujours impressionnant de voir à quel rythme un chiot peut apprendre. Le problème, c'est qu'il retient plus facilement les mauvais comportements que les bons! Comme il naît complètement vierge de tout, il peut faire ses dents sur tout ce qui est à sa portée, sans aucune considération pour la valeur de ce qu'il déchiquette. Il ignore votre colère et vos belles paroles. Le chiot jappe, gruge, défèque, court, joue et apprend par schéma, avec des neurones déjà programmés génétiquement et des neurones neutres qui se figeront sur des situations simples. Les *on* et les *off* sont invisibles au début mais, à mesure que vous observez votre petite boule de poils, vous voyez ce qui l'attire. Ouvrez grand les yeux, votre initiation ne fait que commencer.

Le propri-ami choisit tel chiot parce qu'il aime materner, ou parce qu'il veut contrôler quelque chose de réel dans son univers, ou parce qu'il veut relever un défi en voulant mesurer les résultats de son travail, ou pour ajouter du prestige à son image, rehausser son estime de lui-même. Le chiot que vous rapportez chez vous dans une boîte de carton a donc de lourdes responsabilités sur le dos.

Voyons d'abord ce qui est normal. Pour commencer, la socialisation implique que le chiot se laisse prendre sans peur. Vous pouvez donc le changer de place et le cajoler sans danger. S'il grogne, c'est que ce point n'est pas acquis, et il faut donc commencer par cet apprentissage. Dès qu'il se laissera materner, il aura satisfait votre premier niveau d'exigence.

Ensuite, vous voulez qu'il réponde à son nom, qu'il vienne vers vous, s'arrête, attende, et vous suive. Il le fera d'abord par instinct mais, si vous apprenez à renforcer ces bons comportements, ces expériences se figeront dans ses neurones et il les reproduira d'emblée. Il apprendra à être propre et à obéir aux principaux commandements que vous lui aurez inculqués. Après quelques semaines, vous contrôlerez votre animal de compagnie et vous pourrez vous en réjouir.

Vous passez maintenant au troisième stade : vous inscrivez votre chien à l'école maternelle et, ensemble, vous travaillez à son développement. Vous utilisez des méthodes respectueuses pour le stimuler et vous accordez à son développement toute l'attention requise. Vous progressez ensemble avec succès et vous constatez que ce bon chien vous apporte des satisfactions, qu'il enrichit votre vie.

Dès lors, les sorties dans le parc et les activités éducatives et sociales seront pour vous des sources de projection positive. « Mon chien et moi sommes des amis… » Bien souvent, la personnalité du propri-ami peut se lire dans les caractéristiques du chien, et vice versa. Et les observateurs sourient à la vue de ces drôles de couples qui s'harmonisent parfaitement. Votre quatrième objectif est alors atteint : votre animal vous prolonge et il est votre carte de visite, votre ambassadeur, le reflet de votre estime personnelle.

Ces étapes se vivent comme une sorte de progression. Mais il y a des ratés occasionnels inévitables et vous tombez tout à coup de votre piédestal. Votre « bébé » régresse ; il défèque partout ; il ne répond plus à votre appel ; il jappe toute la nuit, menace le chat du voisin, refuse de manger… Vous devez reprendre votre vie en main et votre remise en question est plus sérieuse qu'il n'y paraît : Le mot « échec » vous tue ! Mes propos sauront-ils vous mettre sur la voie d'une approche plus réaliste, plus mature ? Adopter un chiot et lui donner les outils nécessaires pour qu'il se comporte d'une façon humainement acceptable est possible. Il faut d'abord le choisir pour ce qu'il est, avec ses forces et ses faiblesses ; et peut-être aussi savoir humblement remettre en cause vos besoins spécifiques et vos attentes personnelles. Un chiot n'est jamais parfait, nous ne le sommes pas non plus, mais ensemble nous pouvons nous développer dans la confiance et le respect afin de vivre une expérience constructive.

Humilité, patience et persévérance sont les trois qualités d'un propri-ami véritable.

Cas 15. Peux-tu traduire le langage canin ?

Connaissez-vous l'approche des *calming signals*[32] ? Les « signaux d'apaisement » sont des réactions qui permettent aux chiens de remplacer le langage humain par une attitude qui traduit un message, généralement apaisant. Pour illustrer son fonctionnement, prenons l'exemple de Bijou, ce chien de quatre mois qui commence son entraînement dans un centre. Le premier soir, Bijou se tient derrière sa maîtresse et il bâille. À la fin de la classe, la femme discute un peu avec l'instructeur : « Je pense que mon chien s'ennuie ici... » La réponse a de quoi l'étonner : « Il est un peu craintif, répond l'instructeur, mais il ne s'est pas ennuyé. Voulez-vous savoir pourquoi il bâillait ? » L'instructeur explique alors ce qu'est un signal d'apaisement, parle de la chercheuse Turid Rugass, l'éthologiste qui a décrit les signaux coupe-circuits qui remplacent le langage chez les chiens. Ces réactions permettent à ces animaux de résoudre des conflits potentiels avant qu'ils se développement. Le chien réagit au stress que déclenche la situation anticipée. Pendant la classe, par exemple, Bijou était observé par un autre chien, et il y eut un échange de signaux permettant à chacun de décoder qu'il n'était pas une menace pour l'autre. Le bâillement est justement un de ces *calming signals*. Ici, il a évité que la rencontre ne tourne en conflit, sans qu'un seul aboiement ne fût nécessaire. Fascinant, n'est-ce pas ?

Une fois qu'ils prennent conscience de ces signaux d'apaisement, les propri-amis sont surpris de constater à quel point les chiens les emploient. Les deux signaux les plus courants sont le bâillement et le léchage des babines. Bien entendu, votre chien peut agir ainsi pour bien d'autres raisons, mais, si vous l'observez la prochaine fois que vous irez chez le vétérinaire, ou dans toute autre situation potentiellement stressante, vous reconnaîtrez sans doute l'un de ces signaux.

Voici quelques autres signaux d'apaisement chez les chiens : faire demi-tour avec tout le corps ; tourner la tête ; détourner le regard ; s'intéresser soudainement à quelque chose de fascinant sur le sol. Ces mouvements détournent le chien qui ressent le stress du contact qui s'impose à lui. Il ne veut plus regarder de face cet « intrus qui fait peur », alors, pour calmer sa crainte de l'affrontement, il réagit ainsi avant de faire face.

Quand vous marchez avec votre chien et qu'un autre chien s'approche, plaçant les deux animaux face à face, un conflit pourrait éclater. Vous pouvez éviter cette situation de confrontation en faisant un détour ou quelques pas de côté. Les deux inconnus seront moins stressés, néanmoins ils échangeront des signaux. Un autre signal qui trahit la crainte est la démangeaison soudaine : « Je suis occupé pour l'instant, mais je m'intéresserai à toi lorsque j'aurai terminé… »

Cela dit, les gens aussi peuvent utiliser les signaux d'apaisement. Par exemple, la prochaine fois que votre chien semblera stressé, attirez son attention et bâillez exagérément ou léchez-vous les lèvres à maintes reprises. Vous pourriez être surpris. Votre chien pourrait bien vous répondre avec ses propres signaux d'apaisement, ou il se détendra, tout simplement. Bien que vous puissiez utiliser n'importe lequel des signaux, les gratouillis et les léchages en public pourraient cependant être mal interprétés ! C'est donc sur ce clin d'œil humoristique que Bijou et sa maîtresse ont compris que les chiens ne s'ennuient pas, ne sont pas jaloux et ne tentent pas de jouer les justiciers. Ils se communiquent les uns aux autres des messages d'apaisement.

Apprendre à reconnaître les signaux de nervosité de votre propre chien est extrêmement utile, puisque vous pourrez l'éloigner de ce qui le stresse avant que la situation dégénère, évitant ainsi grognements ou aboiements. L'attention à ces signaux vous aidera aussi à détecter ses craintes et ses aptitudes à s'adapter aux situations imprévisibles dans la rue, en classe, au parc ou à la maison. Une fois que vous vous serez familiarisé avec ces signaux, ce sera comme si une partie du monde secret de la communication canine s'était ouverte pour vous !

CONCLUSION

Un chien affamé n'a foi qu'en la viande.

ANTON TCHEKHOV

Aimer son chien, c'est...

Les grands mouvements de l'évolution sont souvent illustrés par l'image du pendule. Une situation évolue d'un point à un autre et ce sont ses extrêmes qui nous indiquent où se trouve le juste milieu. Dans l'histoire de cette confiance qui a permis aux hommes et aux chiens d'évoluer côte à côte, l'animal est passé de l'état de servitude à celui de la domestication par la force. C'était la soumission ou la mort ! En quelques années, projetés dans une relation cani-amoureuse qui laisse bien des observateurs perplexes, les chiens sont devenus des héros. Ils jouissent d'une vie de luxe qui fait parfois l'envie des pauvres humains.

L'obsession excessive de l'anthropomorphisme a pris toute la place. Entre ces deux pôles que sont l'esclavage possessif inhumain et le compagnonnage exclusif, se trouve une relation équilibrée qui permet de reconnaître l'animal pour ce qu'il est réellement, et non pour ce que la société voudrait qu'il soit. Pour ma part, je crois que la relation humain/canin est riche d'échanges, mais qu'elle doit rester raisonnable et rationnelle. Miroir, miroir, dis-moi qui est le meilleur propri-ami ?

Parce que les excès corrodent la réalité, je souhaiterais les voir disparaître au profit d'un attachement sincère, basé sur le respect de la nature canine et sur la confiance que deux êtres interdépendants peuvent développer. Depuis des années, j'apprends et j'enseigne, j'enseigne et j'apprends. Mes connaissances s'enrichissent de l'expérience que je partage avec des propri-amis formidables, mais aussi avec des humains décevants. Mon amour pour *Canis familiaris* est inconditionnel, mais il tient compte des véritables potentialités de cette espèce si attachante. Demander à un chien de combler nos dépendances, nos carences et nos troubles psychologiques, c'est utopique. Lui prodiguer attention, affection, et partager avec lui une vie agréable m'apparaît beaucoup plus enrichissant et mature.

Le chien ne peut pas apprendre de lui-même. Ses chances d'un apprentissage optimal sont donc entre vos mains. Aimer son chien, c'est prendre conscience qu'il compte sur vous pour se développer, mais qu'il ne peut deviner ou rectifier le sens de vos messages, ni vos bonnes intentions. Il agit et réagit systématiquement à ce qui est stimulé chez lui, à ce que vous renforcez volontairement ou non. Il vous déçoit ? On ne peut le blâmer pour ce qu'il n'a pas compris. C'est que vous n'avez pas programmé correctement ses stimuli ou que vous avez oublié de les lui rappeler, au fil du temps. Lui aussi, il oublie ce qui ne fait pas partie de son quotidien.

Le chien vit dans le présent et il aime par-dessus tout avoir du plaisir. Lorsque les contraintes de la vie familiale vous laissent à bout de souffle, votre compagnon en souffre. Aimer son chien, c'est reconnaître sa présence comme une chose importante et lui accorder de l'attention, partager avec lui des moments d'apprentissage et de jeu. En vous voyant au bord de l'épuisement, il ne dira jamais : « Viens donc jouer dans le parc, cela te fera du bien ! » Il est là qui quémande votre attention et c'est votre impatience ou votre colère qu'il reçoit. En est-il responsable ? Il faut périodiquement revoir nos priorités et notre façon de gérer notre vie. Lorsque les événements exigent une pause, un ressourcement, des compromis, l'humain doit les aborder avec une remise en question honnête. C'est d'abord une marque de respect, envers vous-même et envers vos proches et votre chien, qui peut permettre le retour à un équilibre si bienfaisant. Osez vous questionner ! C'est tellement simple.

La liberté individuelle est une notion incontournable. Vous en bénéficiez sans vous rendre compte qu'elle a son revers. Vous êtes libre, mais les autres le sont également. Si vous choisissez d'adopter un chien, il en découlera des exigences et des conséquences. Votre responsabilité est d'abord de ne pas perturber la liberté des autres et de ne pas compromettre leur sécurité. Aimer son chien, c'est accepter d'en être responsable de façon proactive. Vous devez l'éduquer, le rendre socialement respectueux des autres, et il doit témoigner de vos valeurs dans votre communauté. Rien ne pourra excuser ou effacer cette responsabilité, ni l'argent, ni les regrets, ni le déni… Rien ! Jamais !

Tout est lié dans cet univers où diverses formes de vie se côtoient. Cette terre que nous partageons n'est pas notre bien, mais nous en sommes encore plus responsables que les plantes et les animaux qui en font partie. L'humain jouit d'une position unique dans cet écosystème qui se fragilise de plus en plus. Aimer son chien, c'est reconnaître sa place dans la chaîne de la vie et son droit à l'expression de son potentiel sans préjudice pour ses limites et ses besoins spécifiques. Le chien a le droit d'être traité avec humanisme, de recevoir des soins s'il est malade, d'être nourri et protégé par ses maîtres, de vieillir dans le respect et de mourir sans souffrance. L'homme n'a pas le droit de l'asservir indûment, de le violenter pour des raisons commerciales et d'en faire un usage abusif. Le chien n'est pas un objet de consommation, il n'est pas insensible, il ne demande pas autre chose que le droit de vivre en harmonie avec les hommes.

Lorsque je regarde mes deux compagnons canins, il m'arrive de me questionner. Nous avons en commun une foule de souvenirs, nous avons évolué ensemble. Notre histoire cani-amoureuse est une véritable aventure, une expérience qui ne cesse de progresser. Jusqu'où irons-nous ? Combien de belles années allons-nous partager ? En fait, notre histoire, c'est à nous de l'inventer !

NOTES

1. Plus qu'un maître ou qu'un propriétaire, le propri-ami est celui qui, d'après nous, aime son chien dans le respect de ses capacités et ressent pour lui une affection sincère.
2. La baguette magique est ici une métaphore du clicker. Lorsqu'il est question de l'entraînement d'un animal, cet instrument permet de développer des comportements souhaitables. Vous trouverez toutes les informations pertinentes au chapitre 4.
3. Pour connaître d'autres chiens célèbres, visitez ce site Internet : <http://www.cyber-chien.com/chiens-celebresx.html>.
4. Voir sur Wikipédia le « Réflexe de Pavlov » : <http://fr.wikipedia.org/wiki/R%C3%A9flexe_de_Pavlov>.
5. Éthologiste : spécialiste de l'éthologie, science des comportements des êtres vivants dans leur milieu naturel. Pour en savoir plus, suivre ce lien : <http://www.ethologie.info/>.

6. *Homo sapiens sapiens*, l'Homme actuel. Voir : <http://wwwens.uqac.ca/~flabelle/socio/sapiens.htm>.
7. Le Dr Erich Klinghammer poursuit ses recherches au Wolf Park qu'il a fondé dans l'État d'Indiana. Pour en apprendre plus, suivez ce lien : <http://www.lafayette-in.com/storyideas/wolfpark.pdf>.
8. Les mordus de cette réintroduction expérimentale prendront connaissance d'une étude détaillée (document PDF n° 806, d'Emmanuelle Perret) à cette adresse : <http://www.enssib.fr/>.
9. Voir le film *Dr. Dolittle 2* : <http://fr.wikipedia.org/wiki/Dr._Dolittle_2>.
10. Co-auteur avec Lorna Coppinger de *Dogs : A New Understanding of Canine Origin, Behavior, and Evolution*, Scribner, 2001 ; University of Chicago Press, 2002. Pour un résumé biographique en anglais, suivre ce lien : <http://wolfparkstore.com/?mainURL=%2Fstore%2Fitem%2Fhs7w%2FSeminars_Photo_and_Behavior%2FThree-Day_Seminar_with_Dr_Ray_Coppinger.html%3Fitem_id%3Dhs7w>.
11. Commensalisme : association d'organismes d'espèces différentes, profitable pour l'un d'eux et sans bénéfice ni danger pour l'autre (*Le Petit Robert*).
12. Un parasite est un être vivant qui puise les substances qui lui sont nécessaires dans l'organisme d'une autre espèce à laquelle il cause un dommage plus ou moins grave.
13. Il faut environ trente-cinq pesos dominicains pour faire un dollar canadien. Mon chiot valait donc soudain près de trente dollars.
14. Dmitri Belyaev (1917-1985). Voir sa biographie sur ce lien : <http://en.wikipedia.org/wiki/Dmitri_Belyaev>.
15. Synapse : région de contact de deux neurones. Voir les schémas sur le lien suivant : <http://lecerveau.mcgill.ca/flash/d/d_01/d_01_m/d_01_m_ana/d_01_m_ana.html>.

16. L'anthropomorphisme est le fait de conférer des propriétés humaines (comportementales ou morphologiques) à des sujets ou à des objets non humains. Ainsi, Jean de La Fontaine, en faisant parler les animaux dans ses fables, utilisait cette technique pour critiquer les hommes de son temps. Pour en savoir plus, lire le texte *Fido vient voir maman* sur le site <http://dogstory.net/Anthropomorphisme.htm>.
17. Génotype : patrimoine génétique d'un individu. Voir : <http://fr.wikipedia.org/wiki/G%C3%A9notype>.
18. Œstrus : période de fertilité appelée couramment « chaleurs ». Pour mieux comprendre le processus, suivez ce lien : <http://www.wanimo.com/fr/chiens/fiches-sante/la-reproduction-chez-le-chien-cc76/la-reproduction-chez-la-chienne-cf245/>.
19. Voir *Qu'est-ce qui fait courir les maîtres ?* d'Odile Clerc : <http://www.sciencepresse.qc.ca/node/19190>.
20. Arenstein est membre de l'Ordre des psychologues du Québec et de l'Alliance internationale des intervenants en comportement animal. Pour en savoir plus sur cet organisme, suivre ce lien : <http://www.aiica.org/entree.htm>.
21. À titre d'exemple seulement. Il existe de nombreux jouets en caoutchouc rigide qu'on peut remplir de gâteries grâce à une ouverture sur la surface inférieure. Il est utile d'en avoir toujours un sous la main.
22. La récompense peut être un os, un jouet, une balle, une caresse, une gâterie, de la nourriture ou un biscuit. Lorsque vous utilisez la nourriture, donnez une portion normale. Ainsi, vous ne suralimenterez pas votre animal, mais vous associerez le plaisir de manger à votre appréciation.
23. *Comme un chien*, Le Jour, Éditeur, 2002, p. 60. Voir : <www.jeanlessard.com>.

24. *Guide pratique du chien de sport et d'utilité*, par Dominique Grandjean et collaborateurs, Unité de médecine de l'élevage et du sport de l'École nationale vétérinaire d'Alfort, 1999 ; éditions Groupe Royal Canin. Voir : <http://www.royalcanin.fr/index.php>.
25. Le Target est une mire sur laquelle l'animal apprend à mettre le museau ; le leurre est utilisé pour appâter l'animal dans le but de lui faire exécuter un mouvement.
26. À cette deuxième expérimentation, nous utilisons la frustration du chien, lorsqu'il n'obtient pas sa récompense, pour stimuler sa performance et renforcer le comportement plus difficile, donc pour améliorer le processus. L'entraîneur mesure ainsi son pouvoir de faire passer ses attentes du niveau le plus bas au niveau supérieur, en jouant avec le renforcement. En l'absence de ce renforcement, le chien décode que vous en voulez plus : il vous démontrera alors qu'il peut faire mieux pour obtenir sa récompense.
27. Clicker et Target pour chiens et chevaux disponibles à la boutique du Centre d'entraînement de la SPCA. Commandes électroniques à l'adresse suivante : <info.ecolespca@bellnet.ca>.
28. Recherchez les centres qui sont membres des CAPPDT, ABMA, PABA et autres organismes de formation reconnus. Vous trouverez sur l'Internet toutes les informations pertinentes.
29. Colloque annuel regroupant des spécialistes internationaux. Pour en savoir plus, suivre ce lien : < http://www.chienposium.com/>.
30. La fondation PACCK vient en aide aux enfants autistes. Pour en savoir plus, suivre ce lien : <http://www.pacck.org/francais/index.html>.
31. La fondation Mira possède un cheptel de mille chiens dont elle prend soin, de leur naissance à leur mort. Elle offre gratuitement les services de chiens-guides depuis 1981. Pour en savoir plus, suivre ce lien : <http://www.mira.ca/content/nc1.html>.

32. Théorie développée par Turid Rugaas dans *On Talking Terms with Dogs: Calming Signals.* Vous pouvez aussi vous procurer sa vidéo *Calming Signals: What Your Dog Tells You* et lire *Help for Your Fearful Dog.* Ces ouvrages sont disponibles en anglais seulement. Sur l'Internet, suivre ce lien: <http://www.gentleguidance4dogs.com/Calming%20Signals.htm>.

BIBLIOGRAPHIE

COPPINGER, Raymond et Lorna COPPINGER. *Dogs : A New Understanding of Canine Origin, Behavior, and Evolution*, Scribner, 2001 ; University of Chicago Press, 2002.

GRANDJEAN, Dominique *et al. Guide pratique du chien de sport et d'utilité*, Unité de médecine de l'élevage et du sport de l'École nationale vétérinaire d'Alfort, 1999 ; éditions Groupe Royal Canin sur le Net.

LESSARD, Jean. *Comme un chien*, Montréal, Le Jour, éditeur, 2002.

RUGASS, Turid. *On Talking Terms with Dogs : Calming Signals* (DVD), Wenatchee, Dogwise Publishing, 1997, 2006.

__________ . *Calming Signals : What Your Dog Tells You* (DVD), Wenatchee, Dogwise Publishing, 2005.

WILDE, Nicole. *Help for Your Fearful Dog : A Step-by-Step Guide to Helping Your Dog Conquer His Fear* (DVD), Santa Clarita, Phantom Publishing, 2006.

REMERCIEMENTS

Écrire sur ce qui le passionne produit chez l'auteur débutant un véritable renforcement positif. C'est ce qui m'est arrivé au cours de cette expérience. J'ai découvert à quel point ma passion pour les animaux fait partie de mon quotidien. Je me suis aussi rendu compte que beaucoup de gens partagent mon enthousiasme et me soutiennent dans mon travail. En œuvrant dans différents réseaux, en voyageant dans des pays exotiques et fascinants, en acceptant de relever des défis d'éducatrice et en partageant mes connaissances avec un nombre croissant de professionnels, je me suis imprégnée de cet univers où les hommes et les animaux sont des frères, des compagnons, des amis qui ont tant de valeurs communes. Alors, pour formuler des remerciements, je dois refaire la route qui m'a conduite jusqu'ici.

Mes parents m'ont appris à marcher, à parler, à vouloir, à apprécier et à foncer. C'était parfait pour me mettre en selle et c'est sous leurs yeux étonnés, parfois inquiets, que je me suis envolée loin d'eux. Aujourd'hui, je les sens encore plus associés à mes choix et je me sens redevable pour ces forces qu'ils ont silencieusement laissé s'enraciner en moi…

Ma famille est une sorte d'univers où chacun a droit à ses folies et à ses coups de cœur sans craindre les jugements et les barrières. On y trouve du plaisir, de la communication, du soutien, de l'inspiration et des yeux pétillants de vie. Pour cet amour inconditionnel, indéfinissable et essentiel, merci à mon père Tonio, à ma mère Cléro, à mes frères Gillio et Pépé et à mes sœurs Loulou et Maria. À titre de Jappi Toutou, je suis totalement fidèle à moi-même, quoi que je fasse !

Mes enfants sont mes trésors et pour qu'ils soient heureux je traverserais les mers et les montagnes. Ils m'ont appris à m'émerveiller, puis à grandir et à me dépasser. Mélodie et Vincent ont pris leur envol, porteurs d'une force qui m'étonne. Je leur redis mon amour et ma fierté, eux qui partagent aussi ma passion et parfois ma déraison…

La SPCA est un laboratoire exceptionnel. J'y ai trouvé un défi à ma mesure et tous les instruments pour faire évoluer les mentalités. À mes supérieurs, collègues, amis et élèves, je veux dire merci de partager ma passion et ma joie de vivre ici et maintenant. Leur apport m'énergise, me nourrit et m'émeut aussi parfois. Les animaux y tiennent une place dynamique qui nous rend tous complices de nos petits succès et fiers de nos moindres progrès. Nous inventons dans l'amitié…

Des mercis en vrac, maintenant :

… à Yves qui m'aime telle que je suis ;

… à Marie Brassard qui a *coaché* ma démarche en y mettant une touche de professionnalisme ;

… à Izou qui me dit tous les jours : « Lâche pas la patate ! » ;

… à Tonio qui me protège en me gardant des faux pas, du haut de son nuage.

En dernier lieu, j'aimerais rendre hommage aux animaux. Ils sont d'excellents révélateurs de la nature humaine. Jamais ils ne mentent, jamais ils ne trichent. Lorsqu'ils s'attachent, c'est gratuit et si valorisant ! Ils nous aident à être nous-mêmes, tout simplement humains.

TABLE DES MATIÈRES

Suivez-nous sur le Web

Consultez nos sites Internet et inscrivez-vous à l'infolettre pour rester informé en tout temps de nos publications et de nos concours en ligne. Et croisez aussi vos auteurs préférés et notre équipe sur nos blogues !

EDITIONS-LAGRIFFE.COM
EDITIONS-HOMME.COM
EDITIONS-JOUR.COM
EDITIONS-PETITHOMME.COM

Achevé d'imprimer au Canada
sur papier Enviro 100 % recyclé

100%